MARCO POLO

Heidelberg

Reisen mit Insider Tipps

W0217634

Diesen Führer schrieb Christl Bootsma.
Die freie Journalistin lebt seit ihrer Jugend
in Heidelberg.

www.marcopolo.de
Infos zu den beliebtesten Reisezielen
im Internet, siehe auch Seite 96

MAIRS GEOGRAPHISCHER VERLAG

SYMBOLE

Insider Tipp **MARCO POLO INSIDER-TIPPS:**
Von unserer Autorin für Sie entdeckt

★ **MARCO POLO HIGHLIGHTS:**
Alles, was Sie in Heidelberg kennen sollten

HIER HABEN SIE EINE SCHÖNE AUSSICHT

WO SIE JUNGE LEUTE TREFFEN

PREISKATEGORIEN

Hotels		Restaurants	
€€€	über 150 Euro	€€€	über 15 Euro
€€	100–150 Euro	€€	12–15 Euro
€	bis 100 Euro	€	bis 12 Euro

Die Preise gelten für ein Doppelzimmer mit Frühstück.

Die Preise gelten für ein warmes Hauptgericht ohne Getränk.

KARTEN

[102 A1] Seitenzahlen und Koordinaten für den Cityatlas Heidelberg

Übersichtskarte Heidelberg mit Umland auf Seite 112/113

[0] außerhalb der Übersichtskarte

Liniennetz der Straßenbahnen und Omnibusse im hinteren Umschlag

Zu Ihrer Orientierung sind auch die Objekte mit Koordinaten versehen, die nicht im Cityatlas eingetragen sind.

GUT ZU WISSEN

INHALT

Die wichtigsten MARCO POLO Highlights

Sehenswürdigkeiten, Orte und Erlebnisse, die Sie nicht verpassen sollten

1. **Schlossbeleuchtung**
Ein einzigartiges Schauspiel, ein Sommererlebnis für alle Sinne: die Schlossillumination mit Brillantfeuerwerk (Seite 17)

2. **Heidelberger Schlossfestspiele**
Theateraufführungen und Konzerte im Schlosshof, im Englischen Bau oder in Sälen der Stadt (Seite 17)

3. **Heidelberger Herbst**
Gefeiert wird in sämtlichen Gassen, auf Plätzen und in Lokalen der Altstadt mit Flohmarkt, Livemusik und Schlemmerbuden (Seite 17)

4. **Alte Brücke**
Die neunbogige Steinbrücke über den Neckar mit Stadttor, Standbildern und dem Brückenaffen ist eine Augenweide (Seite 21)

5. **Marstall**
Früher Versorgungslager des Kurfürsten, heute Mensa und kulturelles Zentrum studentischen Lebens (Seite 22)

6. **Schloss**
Das Sinnbild für Romantik erlangte erst als Ruine Weltruhm (Seite 24)

7. **Philosophenweg**
Trilogie von Landschaft, Panorama und Geschichte hoch über der Stadt (Seite 31)

Blick auf Schloss und Brücke

Fassade der Universitätsbibliothek

8 Hauptstraße
Mit 1,6 km Europas längste Fußgängerzone – eine bunte Welt, oft mit Straßenmusikanten, Pflastermalern und Gauklern (Seite 34)

9 Marktplatz
Beliebter Treffpunkt zu jeder Jahreszeit, umgeben von schönen Sehenswürdigkeiten (Seite 35)

10 Universitätsplatz
Das Schmuckstück des Platzes ist das Barockgebäude der Alten Universität mit Museum, Pedellenhaus und Karzer (Seite 36)

11 Kurpfälzisches Museum
Der Barockbau beherbergt Schätze der Kurpfalz, eine Gemäldesammlung und vieles andere mehr (Seite 42)

12 Studentenkarzer
Arrest wegen Raufereien oder anderer Delikte mussten Studenten bis 1914 hier absitzen (Seite 44)

Steingasse mit Brückentor

13 Universitätsbibliothek
Die weltberühmte Bibliothek mit über 2,5 Mio. Bänden enthält viele wertvolle historische Schriften (Seite 45)

14 Romantik Hotel Zum Ritter St. Georg
Das aus dem Jahr 1592 stammende Gebäude gilt als das künstlerisch wertvollste historische Bürgerhaus der Stadt (Seite 67)

15 Sepp'l
Wer dort nicht eingekehrt ist, ahnt nichts von studentischen Zechgelagen vergangener Zeiten (Seite 78)

★ Die Highlights sind in der Karte auf dem hinteren Umschlag eingetragen

STA TRAVEL

Entdecken Sie Heidelberg!

Eine Stadt mit schillernder Vergangenheit und faszinierender Gegenwart

Heidelberg, du feine ...« – kaum einer Stadt schmeichelten große Literaten mehr. Für die Dichter der Romantik war Heidelberg ein magischer Ort, und der so entstandene Mythos ging um die Welt. Joseph Freiherr von Eichendorff sah die Stadt als etwas Vollkommenes, »als gäb es nichts Gemeines auf der Welt«, für Jean Paul war sie »göttlich in Umgebung und schön im Innern«. Tatsächlich wird die Schönheit Heidelbergs stark durch die Natur bestimmt, in die sie eingebettet ist. Das Panorama der Berge, die idyllische Lage am Austritt des Neckars aus dem Odenwald und die malerischen Häuser und Gassen bewirken den harmonischen Einklang, der die Besucher sofort für Heidelberg einnimmt.

Heidelberg mit seinen 140 000 Einwohnern ist eine alte und gleichzeitig ganz junge Stadt, der ihre Vergangenheit nicht zur Last wird. Die Quelle ihrer Jugendlichkeit sind die 30 000 Studierenden an der ältesten Universität Deutschlands, die nach Prag und Wien die dritte Universität auf dem Boden des Heiligen Römischen Reiches

Ideal zum Schlendern: die Fußgängerzone der Hauptstraße

Sonnenbad auf der Neckarwiese

Deutscher Nation war. Das studentische Milieu prägt natürlich auch die Szene, die immer bunter, unterhaltsamer und ereignisreicher geworden ist. In den Gassen der Altstadt gibt es zahlreiche kleine Kneipen, Bistros, Pizzerien, Bierhäuser, Weinstuben und Bars, Jazzclubs und Diskos. Besonders an schönen Sommerabenden ist die Altstadt im oberen Teil um die Heiliggeistkirche eine einzige Vergnügungsstätte, Nachtschwärmer können hier bis drei Uhr morgens tanzen.

Für Frühaufsteher bieten die Stadt und ihre Umgebung eine Fülle von Sehenswürdigkeiten, allen voran die klassischen Ziele wie das Schloss und die Alte Brücke, das Hotel Zum Ritter oder den Philosophenweg. Was andernorts der Stadtpark, das ist für Heidelbergs Bewohner und Besucher die Ne-

Blick vom Philosophenweg auf das Schloss und die Alte Brücke

ckarwiese. In den Sommermonaten dient das nördliche Flussufer zum Sonnen, Spielen, Lesen, Diskutieren – oder einfach nur zum Faulenzen. Wer mehr Action sucht und gut zu Fuß ist, kann sich auf einen Bummel 1,6 km quer durch die City begeben, denn genau so lang ist die Hauptstraße, die längste Fußgängerzone Europas. Hier brodelt das Leben, an Samstagen ist oft kein Durchkommen, und man tut gut daran, ab und zu auf die Nebenstraßen mit ihren kleinen Läden und Kneipen auszuweichen.

» *Eine alte und gleichzeitig ganz junge Stadt* «

Der Marktplatz, auf dem nicht nur an Markttagen buntes Treiben herrscht, und die Untere Straße liegen ganz dicht beisammen, wie übrigens die gesamte Stadt in sich geschlossen und überschaubar ist. Es gibt keine großen Entfernungen, was es ratsam macht, die Stadt zu Fuß zu entdecken – zumal der gesamte Altstadtbereich für den Autoverkehr gesperrt ist. Und wer ein bisschen rausfahren will, kann sich per Schiff den Neckar flussaufwärts begeben und die Stadt und ihre Umgebung aus einer ganz anderen Perspektive besehen.

Heidelberg hat eine bewegte Geschichte. Es wurde mehrmals zerstört, doch aus jeder Epoche konnte etwas gerettet werden, sodass das Stadtbild heute durch viele Bauwerke von hohem historischem Rang geprägt ist. Die Kunstdenkmäler, denen man allerorts begegnet, geben Zeugnis von einem großen kulturellen Erbe. Heidelberg ist seit Jahrhunderten Heimat für Kultur und Wissenschaft. Von hier gingen vielfältige geistesgeschichtliche und künstlerische Strömungen aus.

Die Vergangenheit beschert eine wahre Fundgrube historischer Schätze, die eine fesselnde Geschichte erzählen. Sie fängt gewissermaßen mit dem »alten Adam« an, wie man scherzhaft das Schädelfragment des »Homo heidelbergensis« nennt, das 1907 bei Mauer nahe Heidelberg gefunden wurde und als ältestes Zeugnis für die Präsenz des Menschen in Europa gilt.

»Fundgrube historischer Schätze«

1196 wurde das Fischerdorf »heidelberch« erstmals urkundlich erwähnt, doch Ansehen und Geltung erlangte der Ort erst mit der Ernennung zur kurfürstlichen Residenzstadt ab 1356 und mit der Gründung der Universität 1386 durch Kurfürst Ruprecht I. Die erste Vorlesung fand übrigens am 18. Oktober 1386 vor 500 Studenten statt, als Magister Marsilius über die Probleme der Logik sprach.

Für mehrere Jahrhunderte war Heidelberg für die mit der Kurwürde belehnten Pfalzgrafen von Bedeutung. Bis zum Ausbruch des Dreißigjährigen Kriegs glänzte das Schloss am Fuß des Königstuhls als Residenz für einen der prunkvollsten Höfe Deutschlands. Dann begann ein dunkles Kapitel: General Tilly eroberte 1622 Heidelberg und das Schloss. Er nahm eine berühmte Kriegsbeute mit, die »Pfälzer Bibliothek« oder Bibliotheca Palatina, die Papst Gregor XV. ein Jahr später als Geschenk erhielt.

Und es kam noch schlimmer: 1688/89 und 1693 wurden Stadt und Schloss im Pfälzer Erbfolgekrieg von den Franzosen fast dem Erdboden gleichgemacht. Nachdem das Schloss geplündert, in Brand gesteckt und schließlich gesprengt worden war, wurde es nie mehr ganz aufgebaut. Doch gerade dieser Umstand verhalf ihm zu seiner heutigen Berühmtheit als großartigstes Beispiel der Renaissancebaukunst im Land.

In der Zeit der Romantik erlebte das Schloss seine zweite Blüte, Besucher wurden nicht selten zu Dauergästen. Victor Hugo urteilte sogar: »Ich hatte den Eindruck, dass diese Ruine von einer göttlichen Ordnung durchdrungen sei.« Doch auch eine Trümmerstätte, und gerade eine von solcher Berühmtheit, muss gepflegt und bewahrt werden. In den vergangenen vierzig Jahren brachte das Land Baden-Württemberg rund 20 Mio. Euro für seine Instandhaltung auf.

Im 18. Jh. wurde Heidelberg im Barockstil wieder aufgebaut, jedoch auf altem gotischen Grundriss. Die Steingasse ist mit ihrer Architektur ein schönes Beispiel dafür. 1720 verlegte Kurfürst Karl Philipp die Residenz der Kurpfalz ins benachbarte Mannheim. Es war Großherzog Karl Friedrich von Baden, der 1803 die Heidelberger Universität neu gründete und ihr den bis heute gültigen Namen »Ruprecht-Karls-Universität« verlieh. Zahlreiche Nobelpreisträger sind seitdem aus ihr hervorgegangen. Heute hat die Universität zwölf Fakultäten.

Eine Begleiterscheinung der Lehrstätte und des freien Geistes war die Aufbruchstimmung, die mit der Märzrevolution 1848 begann und Heidelberg zur Hochburg der Liberalen machte. Die wilden Achtundsechzigerjahre trieben ebenfalls die ungeduldigen Studenten auf die

Straße und erschreckten manchen braven Bürger. Heute scheinen die Studierenden ihre Flegeljahre hinter sich gelassen zu haben. Weder fallen sie durch lange Mähnen auf wie in den 1960er- und 1970er-Jahren, als mancher Student durch seinen uneingeschränkten Bartwuchs älter aussah als sein Professor, noch durch Raufereien wie zu Zeiten der Burschenschaften. Sie besuchen ihre Vorlesungen, betätigen ihre Fahrradklingel nur dann, wenn es unbedingt sein muss, und sind ansonsten sehr umgänglich. Zu Semesterbeginn gestaltet sich die Zimmersuche für die »Neuen« oftmals zu einem Wettlauf mit der Zeit.

Die Universität prägt Wirtschaft und Industrie mit. So ist es nicht verwunderlich, dass die größte Druckmaschinenfabrik der Welt, Lamy-Füllfederhalter und der Springer-Verlag (der mit dem Zeitungsriesen nichts zu tun hat) ebenfalls in die Welt des Schreibens und Lesens gehören.

»*Zentrum von Forschung und Entwicklung*«

Mit der Lehre war zu allen Zeiten auch die Forschung verbunden. Heidelberg ist Sitz der Akademie der Wissenschaften und eines der wichtigsten Zentren von Forschung und Entwicklung in Deutschland. Große Bedeutung kommt der Grundlagenforschung auf dem Umwelt- und Energiesektor zu. Weitere Forschungsschwerpunkte sind (Molekular-) Biologie, Biochemie, Medizin, Gentechnik, Gerontologie, Geowissenschaften, Prozessleitertechnik, Maschinenbau, Elektrotechnik und Informatik. Besonders erwähnenswert sind das Deutsche Krebsforschungszentrum (DKFZ), die Max-Planck-Gesellschaft mit fünf Instituten, das Europäische Laboratorium für Molekularbiologie (EMBL) und das Eu-

Sightseeing mal ganz anders

Bei unterhaltsamen Themenführungen können Sie Heidelberg neu entdecken

Magister, Scholaren, Philister, außergewöhnliche Frauen aus der Geschichte Heidelbergs, Madonnen, Teufel und Heilige, Romantiker, Hexen, Ritter und Gelehrte: Sie alle sind mit dabei, wenn der Heidelberger Gästeführerverein Themenführungen – teilweise in historischen Kostümen – veranstaltet. Individuell oder in der Gruppe lässt es sich auch höchst amüsant auf den Spuren Mark Twains oder Goethes wandeln. Außerdem kann man mehr erfahren über die architektonischen Besonderheiten der Studentenverbindungshäuser am Schlossberg oder das jüdische Leben in Heidelberg. *Preise zwischen 6,50 und 10 Euro, Ermäßigungen, Gruppentarife, Zeiten und Treffpunkte im Faltblatt »Heidelberger Gästeführer Themenführungen« oder unter Tel. 244 10, www.heidelberger-gaestefuehrer.de*

Um die Ecke wurde Friedrich Ebert geboren: die Untere Straße

ropäische Institut für Forschung und strategische Studien auf dem Telekommunikationssektor (Eurescom). Heidelberg verfügt außerdem über einen Technologiepark mit einem aktiven Netzwerk von Wissenschaft und Wirtschaft in der Biotechnologie.

Das moderne Heidelberg ist weltoffen, muss dies auch sein angesichts der vielen Touristen, die alljährlich aus aller Welt hierher kommen. Es hat nicht nur eine große Vergangenheit im Gepäck, sondern gleichzeitig die Zukunft im Blick. Heidelbergs Engagement für Natur und Umwelt wurde durch mehrere Preise gewürdigt, beispielsweise 1996 mit der Auszeichnung »Bundeshauptstadt für Natur und Umweltschutz«, 1997 mit dem Europäischen Preis »Zukunftsfähige Stadt« und 2000 mit dem »Gesunde-Städte-Preis«.

Dem atmosphärischen Zauber Heidelbergs kann sich niemand entziehen, der das Dreigestirn von Landschaft, Fluss und Stadtbild erlebt. Und auch andernorts ist man nicht blind für die Schönheit der Stadt. So hat die Kultusministerkonferenz Heidelberg mit Altstadt, Schloss und Landschaft in die vorläufige deutsche Liste für die Anmeldung als Unesco-Welterbe aufgenommen.

» ... am Ende wird man es lieben «

Heidelberg hat viele Gesichter, von denen jedes einzelne auf seine Weise reizvoll ist und es verdient, entdeckt zu werden. Es gibt bedeutsamere und einflussreichere Städte in Deutschland. Schöner ist keine. Ganz gleich, auf welche Weise man Heidelberg kennen lernt und welche Wege man wählt, ob allein, mit professioneller Führung, auf historischen Pfaden oder zur Rushhour in der quirligen City, zu früher Morgenstunde auf dem Schloss oder zur Frühlingsblüte auf den Spuren der Philosophen – am Ende wird man es lieben.

Blaues Blut und viel Romantik

Wissenswertes über eine berühmte Prinzessin, japanische Hochzeiten und Radfahrer

Homo heidelbergensis
In den Mauerer Sanden, vom Neckar in einer so genannten Mäanderschlinge abgelagert, ereignete sich am 21. Oktober 1907 etwas, das den kleinen Ort Mauer innerhalb kurzer Zeit in archäologischen Fachkreisen berühmt machte: Ein Arbeiter stieß bei Grabungen in der Sandgrube von Grafenrain auf einen später »Homo heidelbergensis« genannten fossilen menschlichen Unterkiefer *(www.homoheidelbergensis.de)*. Der sehr gut erhaltene Kiefer hat anscheinend zur Stammform aller späteren europäischen Menschen gehört. Sein Alter wird auf 560 000 bis 710 000 Jahre geschätzt – er ist demzufolge eines der ältesten Zeugnisse für die Präsenz des Menschen in Europa. Das Original ist im Museum für Geologie zu sehen, eine Kopie im Kurpfälzischen Museum ausgestellt.

Japanisch
Heidelberg bietet für jeden etwas, sogar für heiratswillige Japaner. Wer möchte auch schon dort den Bund fürs Leben schließen, wo alle Nachbarn zusehen? Verliebte Deutsche heiraten in Las Vegas, Japaner fliegen nach Heidelberg. Seit Mitte der 1980er-Jahre kommen die Paare über innovativ denkende Reiseveranstalter hierher, um in der Stadt der Romantik ihr »Ja« zu hauchen. Trauung in der Schlosskapelle, Sektempfang im Schlossgarten und Lächeln für den Fotografen – alles ist in den Arrangements inbegriffen, die einen kontinuierlichen Aufwärtstrend verzeichnen. Ihr gerade begonnener gemeinsamer Lebensweg führt viele der Frischvermählten weiter nach Rothenburg, zum Schloss Neuschwanstein und nicht selten bis nach Spanien – alles in knapp zwei Wochen. Für den schönsten Tag im Leben.

Im Frühjahr wird das Studium ins Freie verlegt

Liselotte von der Pfalz
Elisabeth Charlotte, Duchesse d'Orléans – der Name lässt französische Noblesse vermuten und alles, was damit einhergeht: Grazie, feine Manieren, Distinktion. Doch weit gefehlt. Nichts von alldem hatte die Gemahlin des Herzogs Philippe von Orléans, des Bruders Ludwigs XIV., vorzuweisen. Ihr stand der Sinn nach ganz anderen Dingen, und zwar nach jenen, die sie während ihrer Mädchenjahre auf dem Heidelberger Schloss erfahren hatte,

Fahrräder prägen das Stadtbild auch vor der Universitätsbibliothek

nämlich Urwüchsigkeit und Natürlichkeit. Obwohl sie als Tochter von Kurfürst Karl Ludwig mit ihrer Zwangsverheiratung zu einer der ranghöchsten Damen am französischen Hof avancierte, war ihr die höfische Etikette ein Graus. Und so hinderte ihr Stand die gebildete und selbstbewusste Prinzessin auch nicht daran, unbekümmert und in kraftvoll-unverblümter Sprache das Leben, die Affären und Intrigen am Hof des Sonnenkönigs zu kommentieren. Mit Herz, Verstand und viel Heimweh in der Seele schrieb sie vermutlich 60 000 Briefe, von denen etwa 6000 erhalten geblieben sind. Sie geben beredtes Zeugnis von einer Frau, die nichts von Emanzipation wusste und sie doch auf ihre Art praktizierte, indem sie den Unbilden ihres Lebens ihr pfälzisches Mundwerk mit der ungenierten und farbigen Sprache entgegensetzte. Wie der Pfälzer Erbfolgekrieg bewies, war die Prinzessin vergeblich der Staatsräson geopfert worden. Als Gemahlin von »Monsieur« wurde sie »Madame«, doch für die Kurpfälzer blieb sie stets die Liselotte von der Pfalz, ein geliebtes, typisches Pfälzer Schlappmaul.

Radfahrer

Die Heidelberger sind in den meisten Fällen liberale und tolerante Menschen. Die anderen sind mit dem Fahrrad unterwegs – rund 20 Prozent der in Heidelberg am Verkehrsgeschehen Beteiligten. Hier ist nicht die Rede von jenen, die aus Berufsgründen in die Pedale treten, also von den Bikern, die Geschäftspost schnell wie Windhunde überbringen. Nein, die ganz gemeine Spezies ist gemeint: meist jüngere Leute, die auf den insgesamt 118 km Radwegen die Speichen zum Surren bringen. Sie sind die Könige der Heidelberger Straßen. So dürfen sie beispielsweise ungestraft Einbahnstraßen in entgegengesetzter Richtung befahren. Geschwindigkeitsbegrenzung und Gehweg sind meist Fremdworte, die auch die akademisch Gebildeten unter ihnen nicht kennen. Nur die als Warnung vor Strafzetteln empfundene Bezeichnung »Hauptstraße« verstehen alle, die mit dem Radl da sind. Denn hier haben die Fußgänger das Vorrecht. Die Radfahrer gelten hier als ganz gewöhnliche Mitmenschen. Und nur Schieben ist erlaubt.

Romantik

Sehr schnell wird Heidelberg mit dem Begriff Romantik in Verbindung gebracht. Die Stadt gilt fast schon als Synonym für eine zum Gefühlvollen, Wunderbaren und zur Poesie neigende Weltauffassung und ihre Darstellung in den verschiedensten Bereichen der Kunst. Die Lage Heidelbergs am Neckar, die Berge und das liebliche Gesamtbild von Stadt und Natur mit der alles überragenden Schlossruine begründeten die romantische Stimmung, die im 19. Jh. zahlreiche Künstler in die Stadt zog. Karl Rottmann, Ernst Fries, Carl Philipp Fohr, Josef Wintergerst und Christian Philipp Koester verliehen der Romantik mit Farbe und Pinsel Ausdruck. Ihre Bilder sind im Kurpfälzischen Museum zu sehen. Clemens Brentano griff zum Federkiel. Er steht stellvertretend für seine vielen Dichterkollegen, wenn er schreibt: »Komme in dies schöne Land, es ist hier schön, unbegreiflich schön! Eile, eile, ehe alle die Bäume hier abblühen, hier ist es unendlich schön!«

Literarische Stadtbilder

Spannende Romane und einfühlsame Fotos für alle, die Heidelberg besser kennen lernen möchten

Heidelberg 1389: Hexerei und Schwarze Kunst in engem Zusammenhang mit der Gründung der Universität lässt Helga Glaesener in ihrem historischen Kriminalroman *Die Rechenkünstlerin* lebendig werden. Guido Dieckmanns Roman *Die Poetin* beruht auf einer wahren Begebenheit: Im Sommer 1819, zur Blütezeit der Studentenverbindungen, gerät die junge Dichterin Nanetta Schildesheim in den Strudel der Unruhen. *Im falschen Licht* ist das Romandebüt des Heidelbergers Carlo Schäfer. Man lernt die Stadt auf kriminalistischen Wegen kennen und durchlebt mit Hauptkommissar Theuer und seinem schrulligen Team alle Höhen und Tiefen der Ermittlungen um eine Leiche im Neckar. Bewohner und Räume der Altstadt, Augenblicke und Einblicke hat die Heidelberger Fotografin Barbara Hohenadl in ihren Bildern festgehalten: *Fremd und vertraut* (zwei Bände).

Feste, Events und mehr

Vom »Heidelberger Frühling« bis zum »Heidelberger Herbst«

Die Kurpfälzer feiern gern und oft. Das war schon in der Vergangenheit so, als das Schloss Schauplatz rauschender Feste war.

Zeuge lebenslustigen Feierns

Feiertage

1. Jan. Neujahr; **6. Jan.** Hl. Drei Könige; **Karfreitag; Ostermontag; 1. Mai** Tag der Arbeit; **Christi Himmelfahrt; Pfingstmontag; Fronleichnam; 3. Okt.** Tag der deutschen Einheit; **1. Nov.** Allerheiligen; **25./26.Dez.** Weihnachten

Feste und Veranstaltungen

Januar/Februar

Neujahrs-Festkonzert in der Heiliggeistkirche

Fasching: Von Ende Januar bis in den Februar sind die Narren los. Faschingsbälle gibt es allerorten, die größten im Kongresshaus. Am Faschingsdienstag schlängelt sich der »Narrenwurm«, sprich Umzug, durch die Hauptstraße. Rosenmontag und Faschingsdienstag sind viele Geschäfte nachmittags geschlossen.

März/April

Der *Heidelberger Frühling* zieht mit Pauken und Trompeten ein. Das alljährliche große *Musikfestival* präsentiert Mitte März bis Mitte April in mehr als 20 Konzerten Werke klassischer Musik. *Tel. 58 35 88, www.heidelberger-fruehling.de*

Ebenfalls Mitte März steigt die Insider Tipp *Lange Nacht der Museen:* Von 19 Uhr bis 3 Uhr nachts haben das Schloss sowie Museen, Galerien, Kirchen und andere Institutionen in Heidelberg, Mannheim und Ludwigshafen Tor und Tür geöffnet. Kunst, Musik, Filme, Lesungen, Theater werden präsentiert. Dazu gibt es freie Fahrt mit allen Bussen und Bahnen des Verkehrsverbundes. *www.meier-online.de*

Mai

Zu einem Forum junger Autoren hat sich der *Heidelberger Stückemarkt* entwickelt. Die Städtische Bühne führt aktuelle Inszenierungen hervorragender deutscher Theater auf. *www.heidelberg.de/kultur/theater*

Juni

Eines der ältesten Sommerfeste Insider Tipp in Heidelberg ist die *Handschuhsheimer Kerwe:* Jedes Jahr wird die Tiefburg zum Treffpunkt für alle, die gern zünftig feiern. Straßen und Innenhöfe laden zu Wein, Bier und Hausgemachtem ein.

Juni–September

Dreimal im Sommer steigen von der Alten Brücke die Raketen in den Nachthimmel: bei der ★ *Schlossbeleuchtung* mit Brillantfeuerwerk. *www.cvb-heidelberg.de*

Juli/August

Zwischen Anfang Juli und Ende August finden in der zauberhaften Atmosphäre der Schlossanlagen die ★ *Heidelberger Schlossfestspiele* mit Theateraufführungen und Konzerten statt. *www.theaterheidelberg.de*

September

★ *Heidelberger Herbst:* Hauptstraße und Altstadt sind ein einziger Festplatz mit Schlemmerbuden, Flohmarkt, Livemusik. Besonderer Anziehungspunkt ist der »Große Historische Kurpfälzer Markt in der Veste Churpfalz«. *Infos Tel. 142 20, www.cvb-heidelberg.de*

Oktober

Insider Tipp *Open Sound:* sieben Stunden Musik nonstop in Heidelberg, Mannheim und Ludwigshafen – allein in Heidelberg an über zehn Veranstaltungsorten. Für die Reise quer durch sämtliche Musiksparten gilt ein einziges Ticket, außerdem gibt es freie Fahrt mit allen Bussen und Bahnen. *www.meier-online.de*

November

Internationales Filmfestival Mannheim-Heidelberg an verschiedenen Orten in Heidelberg und Mannheim. Erstlingswerke werden vorgestellt, neue Regisseure entdeckt. *www.mannheim-filmfestival.com*

November/Dezember

Heidelberg als Weihnachtsmärchen mit Lichtprojektionen am Rathaus. *Weihnachtsmarkt* auf fünf Plätzen der Stadt tgl. 11–21 Uhr mit kulinarischen Spezialitäten und kulturellem Rahmenprogramm. *Infos Tel. 12 20, www.cvb-heidelberg.de*

Feuerwerk an der Alten Brücke

Neckar, Schloss und Lebensfreude

Wie man sein Herz verliert und die Liebe zu einer Stadt entdeckt

Heidelberg ist keine Stadt für schnelles Sightseeing. Was Maler, Dichter und Philosophen in ihren Mauern hielt, ist auch heute noch wirksam und verlangt nach Zeit und Muße. Kurze Besichtigungstouren werden dieser Stadt nicht gerecht, dazu ist sie zu schön, zu vielgesichtig und unvergleichlich. Rund 3,5 Mio. Besucher heißt sie jedes Jahr willkommen, und 850 000 Gäste beherbergt sie über Nacht. Das sind gewaltige Zahlen, die eine relativ kleine Stadt wie Heidelberg verkraften muss, und oftmals stellt der Besucherandrang in der Altstadt eine rechte Bürde für die Bewohner dar. Die Besonderheiten bei einem Rundgang durch die Straßen und Gassen lassen sich nur dann entdecken, wenn das Auge verweilen kann und nicht sogleich die nächste Sehenswürdigkeit, von denen es allerorten welche gibt, ruft und zum Aufbruch mahnt.

Neben der Altstadt, dem Herz von Heidelberg, warten auch verschiedene Stadtteile wie das alte, beschauliche Handschuhsheim mit seiner Tiefburg aus dem 13. Jh.

Feinste Renaissancearchitektur im Schloss

Beschaulich: die Ziegelgasse

oder Ziegelhausen mit dem Benediktinerkloster Stift Neuburg auf Sie. Auch sollte man nicht nur die Hauptstraße auf- und abgehen, um sich von den Schaufensterauslagen gefangen nehmen zu lassen, die mit Sicherheit einiges Schöne bieten, aber keine Konkurrenz zu den vielen Kleinoden sein können, die es um die Ecke, in den malerischen Gassen, in manchen Innenhöfen oder an Hausgiebeln zu entdecken gibt. Seien Sie neugierig, gehen Sie nicht ausschließlich den kürzeren Weg – wobei die Stadt ohnehin keine langen Wege kennt. Alles ist überschaubar, und mit gutem Schuhwerk, mit dem man auch auf dem Kopfsteinpflaster nicht ins Stolpern kommt, wird ein Bummel in Heidelberg zur Freude. Wer zum Beispiel nicht nur das Schloss selbst, sondern auch seine Umge-

Die Steingasse mit dem Brückentor

bung erkundet, der wird mehr kennen lernen und manchen beeindruckten Dichtergrößen, die hier lustwandelten, zustimmen. Der Schlossgarten und auch der gegenüberliegende Philosophenweg, der zu den schönsten Höhenpromenaden Europas zählt, sowie das Philosophengärtchen sind einen beschaulichen Spaziergang wert, um ihnen die Beachtung zu schenken, die sie verdienen.

AUSSICHTSPUNKTE

Bismarcksäule **[102 C1–2]**

Gegenüber dem Philosophengärtchen zweigt der *Bismarcksäulenweg* vom Philosophenweg ab und führt zu dem um 1900 errichteten, 224 m über dem Meeresspiegel liegenden Aussichtsturm. *Linie 1, 3 Ladenburger Straße*

Heiligenbergturm **[106 B2]**

Der 1885 im Stil der Burgenromantik errichtete Turm hat eine Wendeltreppe mit 60 Stufen. Von der Turmspitze aus eröffnet sich ein schöner Blick über die Stadt, auf den gegenüberliegenden Königstuhl und auf das Schloss.

Königstuhl/Bergbahn **[111 D1]**

Eine Fahrt mit einer der ältesten Standseilbahnen Deutschlands, der Heidelberger ★ *Bergbahn*, ist zu jeder Jahreszeit ein Erlebnis, denn die gesamte Strecke bis zu Heidelbergs Hausberg (568 m) gibt schöne Blicke auf die Stadt frei (Talstation am Kornmarkt). Der Protest der Heidelberger war groß, als der Plan laut wurde, die historische Bahn aus Sicherheitsgründen durch eine moderne Bahn zu ersetzen. Letztendlich wurde entschieden, die beiden historischen Wagen, die zwischen Molkenkur und Königstuhl verkehren, vollständig zu restaurieren und so ein wahres Kleinod Heidelbergs zu erhalten. *Bei Redaktionsschluss wurde die Bergbahn noch renoviert*

Auf dem Königstuhl ist das *Märchenparadies* ein beliebter Anziehungspunkt für Kinder. *März–Juni und Sept.–Nov. Mo–Sa 10–18 Uhr, So und feiertags bis 19 Uhr, Juli/Aug. tgl. 10–19 Uhr, Eintritt 3 Euro (Kinder 2 Euro), Königstuhl 5, Tel. 234 16, www.maerchenparadies.de, Bergbahn oder Linie 21 Königstuhl*

Die *Landessternwarte* lädt ganzjährig zu Führungen ein (auf Anfrage). *Tagesführungen Do, Abendführungen Mo, Eintritt frei, Tel. 50 90, www.cvb-heidelberg.de, Bergbahn oder Linie 21 Sternwarte*

Meriankanzel **[103 D1]**

Weithin bekannt ist der Kupferstich von Matthaeus Merian aus dem Jahr 1620 mit der Stadtansicht von Heidelberg. Am Philosophenweg kann man diese Ansicht in Form einer Holztafel mit dem heutigen Stadtbild vergleichen. Durch eine Standortinterpretation des Stichs hat ein findiger Vermessungstechniker die »Meriankanzel« entdeckt: Er fand in 279 m Höhe am bewaldeten Bergrand eine Plattform aus Sandstein. Damit ist seit 1989 der Arbeitsplatz von Merian bekannt und ein historischer Aussichtspunkt neu gewonnen. *Linie 1, 3 Ladenburger Straße*

Philosophengärtchen **[102 C2]**

Im Frühjahr und Sommer der schönste Ort, um den Blick auf Heidelberg bis hin zur Rheinebene zu genießen. Mandel- und Tulpenbäume, Lorbeer, Zedern oder Dreiblattzitronen machen aus der Lieblingsterrasse der Heidelberger eine ganzjährig blühende Farbenpracht. Besonders im Frühling zeigt sich die günstige Lage des Ortes, wenn sich hier früher als anderswo die Blüten öffnen. Joseph Freiherr von Eichendorff, der 1807–08 in Heidelberg studierte, hat man hier eine Anlage mit Gedenkstein errichtet. *Linie 1, 3 Ladenburger Straße*

BAUWERKE

Alte Brücke **[103 E2]**

★ »Die Brücke zeigt sich von hier aus in einer Schönheit wie vielleicht keine Brücke der Welt ...«, mutmaßte Johann Wolfgang von

MARCO POLO Highlights »Sehenswertes«

★ **Bergbahn**
Eine der ältesten Standseilbahnen Deutschlands (Seite 20)

★ **Alte Brücke**
Eigentlich heißt sie Karl-Theodor-Brücke, aber kaum jemand nennt sie so (Seite 21)

★ **Marstall**
Hier hat Versorgung seit dem Mittelalter Tradition (Seite 22)

★ **Schloss**
Kurfürstliche Baulust in der Renaissance (Seite 24)

★ **Philosophenweg**
Wandern und schauen auf Merians Spuren (Seite 31)

★ **Hauptstraße**
An dieser Heidelberger Straße führt kein Weg vorbei (Seite 34)

★ **Marktplatz**
Zwischen Heiliggeistkirche, Rathaus, Renaissance und Barock (Seite 35)

★ **Universitätsplatz**
Zentrum und Ausgangspunkt einer »akademischen Runde« (Seite 36)

Goethe 1797, als er sie zum ersten Mal sah. Und in der Tat hätte sie den Schmuck der drei Standbilder, die allesamt Kopien sind, gar nicht nötig, um ihre ureigene Schönheit zu zeigen. Das Ensemble von Brücke und dazugehörigem Tor, das zu einem kleinen Ankunftsplatz führt, war zu allen Zeiten ein beliebtes Motiv für Maler und Fotografen. Die Karl-Theodor-Brücke, wie sie offiziell heißt, wurde im Laufe ihrer Geschichte neunmal aufgebaut, zuletzt 1788. Von acht Pfeilern getragen, ist die heutige Version erstmals ganz aus Stein. Der Barockfürst Karl Theodor ließ sie errichten, wofür er ein Standbild auf der Brücke erhielt, das gute Nachbarschaft mit der Pallas-Athene-Statue pflegt. Im richtigen Leben allerdings war die Freundschaft des Kurfürsten mit der Göttin der Künste und der Wissenschaft weniger fruchtbar: Unter seiner Regentschaft (1742–99) büßte die Heidelberger Universität viel an Bedeutung ein. Durch den letzten Brückenbau musste das Standbild des Brückenheiligen Johannes von Nepomuk auf den nördlichen Brückenkopf ausweichen. Das doppeltürmige Brückentor ist seit dem Spätmittelalter in seiner Grundform erhalten. Die Türme dienten ehemals als Kerker sowie als Wohnort des Brückenwächters. *Linie 35 Alte Brücke*

Ehrenfriedhof **[109 F3]**

Bei einer Wanderung zum Bierhelderhof streift man auch den 1934 angelegten und 1953 erweiterten Ehrenfriedhof auf dem Höhenrücken des *Ameisenbuckels.* Die Grab- und Gedenkstätte für Gefallene aus beiden Weltkriegen bietet als Hochplateau auch eine weite Sicht in die Rheinebene. *Promenadenweg, Linie 21 Ehrenfriedhof*

Karlstor **[107 D5]**

Das Karlstor wurde 1775–81 als Huldigung der Stadtväter an Kurfürst Karl Theodor nach dem Vorbild eines römischen Ehrentores errichtet. Zu Bauzeiten war dieser Triumphbogen der Heidelberger Bürgerschaft ein Dorn im Auge, denn sie bezahlten damit die Ehrung eines Kurfürsten, der seine Residenz nach Mannheim – später nach München – verlegte und so die Bedeutung Heidelbergs erheblich schmälerte. Im benachbarten Karlstorbahnhof stehen die Signale seit 1996 immer auf Abfahrt. Es sind allerdings keine Züge, denen dieses Signal gilt. Nach aufwändiger Renovierung des Bahnhofs, an der viele Jugendliche freiwillig und unentgeltlich mitarbeiteten, fahren die Gäste des neuen Kulturzentrums allabendlich auf Musik, Theater und Film ab. Neben dem Tor liegt das Stauwehr mit Schleuse und Wehrsteg über den Neckar. Am Eingang zur Hauptstraße befindet sich auf der Neckarseite das Areal der *Herrenmühle,* die 1962 nach 600-jähriger Geschichte stillgelegt wurde. *Linie 11, 33, 35 Karlstor*

Marstall **[103 D3]**

★ Eines der wenigen erhaltenen Zeugnisse des Spätmittelalters. Kurfürst Ludwig V. diente der mächtige Quadratbau mit seinen Wehrtürmen als Versorgungslager. Auch heute ist dieses Gebäude von seiner ursprünglichen Bedeutung nur wenig entfernt: Nach umfangreichen Umbaumaßnahmen, die ihr einen kathedralenähnlichen, lichtdurchfluteten Charakter verliehen, versorgt die Mensa täglich Studenten wie Gäste und präsentiert sich darüber hinaus als Eventkneipe.

Am gegenüberliegenden Ausgang des Marstallhofes liegen die *Heuscheuer* und der *Alte Synagogenplatz.* Auf dem Platz, wo heute ein großer Findling an die Freveltaten der Nationalsozialisten erinnert, stand von 1878 bis zu ihrer Zerstörung 1938 eine jüdische Synagoge. In der Heuscheuer, wo seit 1965 Vorlesungen gehalten werden, mussten die Bürger der Stadt seit Mitte des 18. Jhs. ihren Zehnt abgeben. Für das sichtbare Bruchsteingemäuer verwendeten die Erbauer Trümmer aus dem 1693 zerstörten Heidelberg und dem Schloss. *Marstall Neckarstaden 2–6, Heuscheuer Große Mantelgasse 2, Zugang über Marstallstraße, Linie 12, 35, 41, 42 Marstallstraße*

Molkenkur **[103 F5]**

Seit 1890 bringt die Bergbahn ihre Passagiere zur Molkenkur. Auf dieser Anhöhe finden sich noch das Zitat eines Gemäuers und ein Gedenkstein, was im Stadtplan vollmundig als »Reste der Oberen Burg« verzeichnet ist. 1537 war die Obere Burg vom Blitzschlag zerstört worden. Auf ihrem Gelände eröffnete ein findiger Porzellanmaler 1853 die *Molkenkuranstalt,* ein Schweizerhaus, das heute als Hotelrestaurant betrieben wird. Wer den Abstieg zu Fuß nimmt, sieht mit der einzigen Villa am *Molkenkurweg 1* den Ort, an dem »Sissi« als Kaiserin Elisabeth von Österreich 1887 Ferien machte. Ein Schild am Haus weist darauf hin. *Bergbahn Station Molkenkur, Linie 7022 (BRN)*

Neue Universität **[103 D3–4]**

Der Name *Neue Universität* als Sammelbegriff für die Bebauung des zentralen Universitätsplatzes trifft nur auf das Vorlesungsgebäude zu, das 1930/31 am Universitätsplatz errichtet wurde. Ansonsten besteht der ganze Komplex rund um den Universitätsplatz aus historischer

Entspannen & Genießen

Fitness und Wellness über den Dächern der Stadt

Die Seele baumeln lassen und Ihrem Körper etwas Gutes tun können Sie im *Panorama Spa Club* im Europäischen Hof. Der Wellness- und Fitnessbereich mit Schlossblick hat alles, was man braucht, um sich richtig zu verwöhnen. Nach einem Besuch in der physiotherapeutischen Praxis, beim Friseur und im Schönheitsstudio fühlen Sie sich nicht nur entspannt, sondern wie neugeboren. *Fitness, Wellness und Schwimmbad für 16 Euro für 2 Std., Ganztageskarte 50 Euro, nur Fitnessbereich 8 Euro für 1 Std., Tageskarte Hotelgäste für alle Bereiche 15 Euro, Fitnessbereich kostenfrei (Preise jeweils ohne Solarium), Friedrich-Ebert-Anlage 1, Tel. 51 50, www.europaeischerhof.com*

Die Schlossfassade: Glockenturm und Friedrichsbau

Bausubstanz. Die Besichtigung lohnt sich besonders im Falle des Barockgebäudes der *Alten Universität* und des angebauten ehemaligen Studentengefängnisses *Karzer*, des *Hexenturms* als Teil der ehemaligen Stadtmauer, des Barockgebäudes *Collegium Academicum (Seminarstraße 2)* und der *Universitätsbibliothek. www.uni-heidelberg.de, www.ub.uni-heidelberg.de, Linie 12, 41 Universitätsplatz*

Schloss **[103 F3–4]**

★ Die Gesamtanlage von Schloss und Schlossgarten erlebte eine wechselvolle Geschichte von Aufbau, Zerstörung und teilweiser Rekonstruktion. Man kann an dem unterschiedlich gestalteten Gemäuer noch heute ablesen, dass hier verschiedene Baumeister und Bauherren wirkten. Und auch heute wird – meist unbemerkt – gebaut, für über 3 Mio. Euro jährlich.

Der Aufbau von Wehr und Residenz begann um das Jahr 1400 und endete 1619 mit dem Beginn des Dreißigjährigen Kriegs. Berühmtheit erlangte das Schloss allerdings erst als Ruine. Dazu wurde es 1688/89 im Orléansschen Erbfolgekrieg gemacht. Dem Sonnenkönig Ludwig XIV. gefiel die Pfalz so gut, dass er sie Frankreich kurzerhand einverleiben wollte. Von ihm gehegte Erbansprüche, die sich mit der nach Frankreich verheirateten Liselotte von der Pfalz verbanden, versuchten französische Truppen militärisch durchzusetzen. Sie fielen unter der Führung des berüchtigten Feldherrn Mélac 1689 und 1693 in Heidelberg ein und machten es dabei dem Erdboden gleich. Das Schloss blieb beim Wiederaufbau der Stadt im 17. und 18. Jh. unberücksichtigt. Zwar machten die Kurfürsten zaghafte Versuche der Restaurierung, doch dann gerieten sie mit ihren Bürgern in heftigen Streit, ob die Stadt evangelisch oder katholisch werden sollte. Schließlich zogen sie beleidigt nach

Mannheim und residierten fortan dort. Aus diesen doppelten Streitigkeiten zog Heidelberg letzten Endes großen Gewinn. Die Ruine des Schlosses, der rote Sandstein seiner zerborstenen und ausgebrannten Türme und Paläste, zog zu Beginn des 19. Jhs. die Romantiker aus aller Welt geradezu magisch an. Die Besucher des 21. Jhs., die Jetsetter aus aller Welt, die für ein paar Stunden oder allenfalls zwei Tage in dieses einmalige, übrig gebliebene Juwel der Romantik einfallen, stehen vor einem Dilemma. Wie sollen sie in der Kürze der Zeit nachvollziehen, was doch nach Zeit und Muße verlangt?

Vielleicht helfen da ein wenig die Beleuchtungen und Feuerwerke im Sommer, wenn das Schloss, die ehemalige Residenz der Pfälzer Kurfürsten, in glühendes Rot getaucht wird, als Erinnerung an die Zerstörungen und Brände, die das Gemäuer mehrmals in seiner Geschichte hinnehmen musste. Schon von der Stadt aus sticht die Fassade des 1601–04 errichteten *Friedrichsbaus* ins Auge, die einzige gestaltete Außenfassade des Schlosses, das seine Schönheit ansonsten nach innen kehrt. Eine schmale Brücke führt in den Innenhof. Im Osten des Hofs hat Kurfürst Otto Heinrich zwischen 1556 und 1559 den nach ihm benannten *Ottheinrichsbau* errichten lassen. Die formenreiche Innenhoffassade sollte fortan als mustergültiges Beispiel deutscher Renaissancebaukunst bestaunt werden. Im Nordanschluss steht der 1546 fertig gestellte *Gläserne Saalbau,* benannt nach dem Fest- und Spiegelsaal im ersten Geschoss. Gotische und Renaissance-Elemente teilen sich hier den Zuspruch der Betrachter.

Neben dem Friedrichsbau liegt in einem kleinen Keller das sagenumwobene, 250 Jahre alte *Große Fass.* Man sieht gleich, dass dieser

Das Große Fass von 1751 wurde für starke Zecher gemacht

Raum nicht für den 221 726 l fassenden Bottich gebaut wurde, sondern für kleinere Vorgänger. Aber Karl Theodor, 1742–99 Kurfürst, schien die Enge nicht zu stören: Er ließ die heutige Version des Fasses zimmern. Das älteste und schmuckloseste Gebäude der heutigen Schlossanlage ist der *Ruprechtsbau* (15. Jh.) im Westen des Hofes. Ein Bibliotheksbau verbindet ihn mit dem ehemaligen *Frauenzimmerbau,* wo heute der Königssaal Empfängen und Aufführungen dient.

Von Friedrich V. als »Hortus Palatinus« angelegt, war dem »Garten der Pfalz« durch den Dreißigjährigen Krieg seine geplante Entfaltung nicht vergönnt. Aber auch ohne die vorgesehenen Wasserspiele, Grotten und Orangerien gefällt der Schlossgarten jedem, der darin wandelt. Fast noch schöner als am Tag zeigen sich Schloss und Garten bei einem Abendspaziergang. Für alle, die gut zu Fuß sind, gibt es bei der Tourist-Information am Bahnhof ein kostenloses Faltblatt, das die Fußwege zum Schloss erklärt.

Insider Tipp

Schlosshof tgl. 8–17.30 Uhr (im Winter oft kürzer), Eintritt inklusive Fasskeller, Apothekenmuseum (tgl. 10–17.30 Uhr) 2,50 Euro, Schlossgarten Tag und Nacht zugänglich, Schlossinnenführungen zu den Öffnungszeiten des Schlosses, Eintritt 3,50 Euro, Tel. 53 84 21, www.schloesser-und-gaerten.de, Bergbahn Station Schloss

Stadthalle **[102 C3]**

Wie bei manch anderem Gebäude in Heidelberg ist auch die Geschichte der Stadthalle am Neckar eng mit der Universität verbunden. Zur Feier des 500. Geburtstages der Universität wünschte man sich 1886 eine Festhalle, die mit Renaissance-Anklängen und rotem Sandstein zu Schloss und Universitätsbibliothek passen sollte. 1979/80 im Inneren nach historischen Vorlagen

Ein Ausflugsdampfer zieht an der Stadthalle vorbei

aufwändig renoviert, erfüllt sie heute auch den Zweck eines Kongress- und Veranstaltungszentrums. Um den großen Saal gruppieren sich auf drei Etagen ein Ballsaal, ein Kammermusiksaal, ein großes Restaurant und Nebenräume. Von den Terrazzoböden bis zu den Lüstern und Stuckkapitellen machte die Renovierung aus der Halle wieder ein Schmuckkästchen. *Neckarstaden 24, Linie 12, 35, 41, 42 Kongresshaus*

Thingstätte **[106 B2]**
Die Thingstätte auf dem Heiligenberg wurde 1934/35 unter nationalsozialistischer Herrschaft in der Form eines griechischen Amphitheaters als Feierstätte gebaut. Das große Oval aus Steintreppen fasst etwa 8000 Menschen. Auf der Thingstätte finden in den letzten Jahren immer mehr Sommerkonzerte statt. Wer die grasbewachsenen Stufen der Zuschauerränge hochsteigt, stößt am Ende gleich auf das Mauerwerk und die zum Teil sanierte *Ruine der Michaelsbasilika* aus dem 9. Jh. Mit dem Auto erreicht man die Thingstätte über Handschuhsheim, den *Waldweg* und den *Chaisenweg*. Neben dem Heiligenbergturm befindet sich ein größerer Parkplatz.

Tiefburg **[105 D2]**
Die Tiefburg und ihr Graben gehören zu den Anlagen, die dem dörflich gebliebenen Stadtteil Handschuhsheim eine besondere Ausstrahlung verleihen. Die Ruinen der Wasserburg aus dem 13./14. Jh. sind restauriert und zum Teil ergänzt, ohne dass der mittelalterliche Charme im Zentrum von Handschuhsheim verloren ging. Besonders schön wirkt das Ensemble samstagvormittags als Kulisse für den Wochenmarkt. *Besichtigung des Archivs jeweils 1. und 3. So 11 bis 13 Uhr oder nach Vereinbarung, Tel. 40 95 84, An der Tiefburg, OEG sowie Linie 3, 4 OEG-Bahnhof*

GÄRTEN & PARKS

Bergfriedhof **[109 E2–3]**
Der 1844 angelegte Bergfriedhof ist ein großräumiger, schattiger Waldpark. Hier sind die Grabstätten so großer Persönlichkeiten wie Reichspräsident Friedrich Ebert, Wilhelm Furtwängler, Max Weber, Robert Bunsen und Carl Bosch zu finden. In antiker Tempelarchitektur erinnert das zweitälteste deutsche Krematorium (1891) daran, dass die Feuerbestattung in Europa erst im 19. Jh. wieder durchgesetzt wurde. Im Gegensatz zur Antike galt sie im Mittelalter lediglich als Strafe oder Schutz vor Seuchen. An vielen Gräbern stehen weinende Marmorengel, und Sphinxe bewachen den Grufteingang des *Mausoleums Bartholomae. Rohrbacher Straße 105–127, Linie 3, 4 Bergfriedhof*

Botanischer Garten **[104 B4]**
Über 400 Jahre gibt es den Botanischen Garten der Universität Heidelberg schon. Als Medizinkräutergarten 1593 gegründet, zählt er zu den ältesten Einrichtungen dieser Art in Deutschland. Nach vielen Umzügen entfalten sich seit 1914 die tropischen und heimischen Gewächse aller Art im Neuenheimer Feld. Auf einer Fläche von 40 000 m^2 haben mittlerweile über 14 000 Pflanzenarten eine Heimat gefunden. Eine grüne Oase, die alle

Sinne anspricht und die zum Ausruhen einlädt. *So–Do und feiertags 9–12 und 13–16 Uhr, Eintritt frei, Tel. 54 57 83, botgart@urz.uni-heidelberg.de, Im Neuenheimer Feld 340, Linie 33 Kinderklinik*

Felsenmeer **[107 F6]**
Das Naturschutzgebiet »Felsenmeer« liegt am Nordabhang des Königstuhls, oberhalb des Stadtteils Schlierbach. Den 50 000 m² großen Steingarten hat die Eiszeit angelegt. Einen bequemen Fußweg, der durch das Felsenmeer hindurchführt, erreicht man von oben über den Königstuhl oder von unten über den Wolfsbrunnen und den *Steinhüttenweg. Bergbahn Station Königstuhl oder Linie 33, 35 Rombachweg*

Graham-Park **[105 D2]**
Nach einem Stadtteilbummel durch Handschuhsheim lässt es sich in diesem kleinen Park gut auf den Abend warten, um dann in Traditionslokalen wie Gilberts und Alt Hendese oder im Lämmchen zu Bier und Vesper ein Stück Studentenherrlichkeit zu erahnen. Der Park liegt gegenüber der Tiefburg und trägt ein kleines Schlösschen aus dem 17. Jh. auf seinem Grund. Zu seinen Besitzern gehörte der Großvater des berühmten Heidelberger Landschaftsmalers Karl Rottmann (1797–1850). *Dossenheimer Landstraße 13, OEG, Linie 3, 4 OEG-Bahnhof*

Zoo **[104 A4]**
Der schönste Weg zum Heidelberger Zoo und dem daneben gelegenen Botanischen Garten führt über einen kleinen Neckar-Wehrsteg bei der Stadtausfahrt Richtung Wieblingen im Anschluss an das Marriott-Hotel und das IBM-Gebäude. Der Zoo wurde 1934 als bisher einziges größeres Tiergehege im Rhein-Neckar-Gebiet angelegt. Er begeistert nicht nur Kinder mit dem Affenhaus, sondern auch Vogelfreunde mit seiner großen ornithologischen Abteilung. Eine besondere Verbindung zur Universitätsstadt stellen wohl die zahlreichen Eulen dar. *März und Okt. tgl. 9–18 Uhr, April bis Sept. 9–19 Uhr, Nov.–Febr. 9 bis 17 Uhr, Eintritt 5 Euro, Tel. 48 00 41, www.zoo-heidelberg.de, Tiergartenstraße 3, Linie 33 Zoo*

GOTTESHÄUSER

Benediktinerabtei Neuburg **[113 E2]**
Das 1130 als Benediktinerkloster gegründete Stift Neuburg liegt wie ein Einsiedlerhof am Berg. Vom Kloster wurde es zum »Stift für die Gesellschaft von tugendhaften Frauenzimmern«, dann Armenhaus, um 1804 als Privatbesitz an den Musikliebhaber Ludwig Hout veräußert zu werden. Carl Maria von Weber, ein steter Gast, soll hier zu seiner Oper »Der Freischütz« inspiriert worden sein. Ein Verwandter Goethes richtete als Besitzer ab 1825 das erste Goethemuseum ein. Die wertvollen Exponate sind inzwischen in alle Winde zerstreut. 1926 schließlich ging das Kloster wieder an den Benediktinerorden zurück, der es 800 Jahre vorher gegründet hatte. Die Klosteranlage, die 2003 mit der Eintragung ins Denkmalbuch in ihrer Gesamtheit unter besonderen Schutz gestellt wurde, steht zum Besuch oder für Exerzitien offen. *Tel. 89 50, Stiftsweg 2, Linie 34 St.-Paulus-Heim*

Heiliggeistkirche **[103 E3]**

Der gotische Kirchenbau am Marktplatz und das gegenüberliegende Hotelrestaurant Ritter sind die einzigen großen Bauten der Stadt, die von den Zerstörungen während des Pfälzischen Erbfolgekrieges (1689 bis 1693) verschont blieben. In der ersten Hälfte des 15. Jhs. erbaut, erfüllte das Gotteshaus religiöse und weltliche Funktionen: Grablege der Kurfürsten, katholische, dann evangelische Pfarrkirche, Festsaal der Universität und Aufbewahrungsort der einstmals bedeutendsten europäischen Büchersammlung, der Bibliotheca Palatina. Der Bücherschatz war auf den dafür vorgesehenen Emporen aufbewahrt, was die eigentümliche Breite der beiden Seitenschiffe und die relativ enge Form des Kirchenschiffs erklärt. Im Dreißigjährigen Krieg wurde diese Bibliothek Beute der katholischen Liga unter General Tilly und ging 1623 als Geschenk an den Papst. Noch heute streiten sich die Gelehrten darüber, ob dieser Abtransport nach Rom Rettung oder Raub bedeutete.

Wie heftig die Universität und die Stadt Heidelberg in Spätmittelalter und beginnender Neuzeit in den Bann von Religionsstreitigkeiten gezogen wurden, zeigte bis 1936 eine Trennmauer, die die Heiliggeistkirche in eine katholische und eine evangelische Hälfte teilte. Die sechs barocken Zugänge der Kirche stammen ebenfalls aus der Zeit, denn wer getrennt beten wollte, beanspruchte auch das Recht auf einen eigenen Eingang.

An den im Mittelalter schon vorhandenen Verkaufsnischen im Gemäuer lässt sich heute noch die Pflicht der Bäcker erkennen: Das

Genutzt als Bibliothek und Andachtsort: die Heiliggeistkirche

Mindestmaß einer Brezel ist zum Vergleich in Stein graviert, sodass jeder Käufer nachprüfen konnte, ob das Laugengebäck auch wirklich die vorgeschriebene Größe hatte und der Bäcker nicht etwa am Teig gespart hatte.

Vom Kirchturm aus hat man einen schönen Blick über die Altstadt. Es finden regelmäßig Konzerte statt. *Kirche und Turm sind Mo–Sa 11–17 und So 13–17 Uhr zu besichtigen, Hauptstraße 189, Linie 35 Alte Brücke, Linie 11, 33 Rathaus/Bergbahn*

Jesuitenkirche **[103 D4]**

In der Innenstadt fast abseits und deshalb in angenehmer Stille liegt die Jesuitenkirche, das größte katholische Gotteshaus der Stadt, umgeben von anderen großen Jesuitenbauten wie dem ehemaligen Collegium Carolinum und dem ehemaligen Jesuitengymnasium.

Die Baugeschichte der Kirche seit der Grundsteinlegung 1712 ist eine Geschichte der Veränderungen. Als der Turm 1872 vollendet war, erlitt das barocke Kirchenschiff eine pompöse Neugestaltung, die in Restaurierungen 1953 und 1972 zu Gunsten eines großzügigen und hellen Gesamteindrucks zurückgenommen wurde. Die Barockausstattung gibt es heute nicht mehr. Erst 2003 erfolgte eine neuerliche Renovierung. Der Kirche ist seit 1986 ein kleines Museum für sakrale Kunst und Liturgie angeschlossen (17.–19. Jh.). *Museum Juni–Okt. Di–Sa 10–17 Uhr, So 13–17 Uhr, Nov.–Mai Sa 10–17 Uhr, So 13 bis 17 Uhr, Eintritt 2 Euro, Richard-Hauser-Platz, Linie 12, 41, 42 Universitätsplatz*

Peterskirche **[103 D4]**
Ehemals außen an der Stadtmauer gelegen (Grabengasse), ist die bereits 1316 erwähnte Peterskirche noch vor der Heiliggeistkirche die älteste Pfarrkirche der Heidelberger Altstadt. Der mittelalterliche kleine Kirchhof und die um 1490 im Innenraum neugotisch erneuerte Kirche selbst galten bis 1844 als vornehme Begräbnisstätten. Dies zeigen heute noch die erhaltenen Professoren-Grabsteine und das *Grabmal von Olympia Fulvia Morata* in einer kleinen Kapelle an der Nordseite. Die italienische Wissenschaftlerin galt als eine der hoch gebildeten Frauen ihrer Zeit. Sie starb 1555. *Plöck 70, Linie 12, 41, 42 Peterskirche*

Providenzkirche **[102 C4]**
In der im Neorenaissancestil ausgestalteten einschiffigen Saalkirche inmitten der Stadt (Bauzeit 1659–61 und 1717–38) steht Heidelbergs älteste Orgel. Sie stammt aus der Werkstatt des Orgelbaumeisters Mathias Burkard. Übers Jahr finden hier verschiedene kirchenmusikalische Veranstaltungen statt, zu denen auch Orgelkonzerte und Motetten gehören. *www.providenzkirche-heidelberg.de, Hauptstraße 90a, Linie 12, 41, 42 Universitätsplatz*

St.-Vitus-Kirche **[105 D2]**
Die älteste Kirche auf heutigem Heidelberger Stadtgebiet steht im Stadtteil Handschuhsheim und zeigt im Turm noch Teile der schon 774 erwähnten St.-Nazarius-Kapelle. Bei Erweiterungen des Kirchenraums wurde die Achse von Ost-West auf Nord-Süd gedreht. Hierbei gelang es, den alten Kirchturm organisch einzufügen und den archaisch schlichten Charakter des Gebäudes zu erhalten. *Pfarrgasse 5, Linie 3 Kapellenweg*

Synagoge **[105 E6]**
Der moderne Kuppelbau des 1994 in der Weststadt eingeweihten Gotteshauses gibt der jüdischen Gemeinde Heidelbergs wieder ein würdiges Zuhause, nachdem der historische Synagogenbau in der Altstadt im November 1938 von den Nazis niedergebrannt wurde. Senkrecht hervortretende Steinbänder tragen die ersten zehn Buchstaben des hebräischen Alphabets und symbolisieren die Zehn Gebote. Der in blaues Licht getauchte Innenraum dient auch kulturellen Veranstaltungen. *Häusserstraße 10 bis 12, Linie 21, 29 Kaiserstraße*

Spaziergängerinnen auf dem Philosophenweg genießen das Panorama

PANORAMAWEGE

Philosophenweg [102–103 B–D 1–2]

★ Was die Neuenheimer Winzer 1817 ärgerte, weil sie Teile ihrer Weinberge abgeben mussten, erfreut seither in ungleich höherem Maße die Bürger und Besucher Heidelbergs: Am Hang des Neckarufers gegenüber der Altstadt wurde der Philosophenweg angelegt. Natur, Aussicht und Historie, das sind die Elemente, die dem Weg seine Einzigartigkeit schenken. Natur, weil die sonnige und geschützte Lage hier Mandeln, Jasmin und Zitrussträucher in allen Farben blühen und zart bis würzig duften lässt. Aussicht, weil der ganze Weg, viele seiner weiterführenden Abzweigungen, Aussichtskanzeln und -türme Blicke über die Stadt, ins Neckartal und in die Rheinebene eröffnen *(Bismarcksäule, Heiligenbergturm, Meriankanzel)*. Historie, weil Gedenksteine und Tafeln mit den Dichtern Joseph Freiherr von Eichendorff und Friedrich Hölderlin bekannt machen. Außerdem erlaubt der prüfende Blick auf Matthaeus Merians *Großes Panorama* einen Vergleich zwischen dem Heidelberg von 1620 und von heute. Entlang des Philosophenwegs stehen an lauschigen kleinen Plätzen und am Wegesrand genügend Bänke zum Ausruhen und Entspannen. Wer das Vergnügen verlängern möchte, kann auf dem *Odenwaldweg* in Richtung Ziegelhausen weitergehen oder über den *Zollstockweg* den Heiligenberg erwandern, wo kurz vor der Thingstätte in einem Waldlokal die Heidelberger gern Obstwein trinken. Der Philosophenweg hat zwei Zugänge: *Bergstraße* und (weniger steil) *Albert-Ueberle-Straße. Linie 3, 12 Schröderstraße*

Schloss-Wolfsbrunnen-Weg **[107 D–F 4–5]**
Der Weg ist eine kleine Straße und führt vom Schloss zum Wolfsbrunnen, der mythenreichen und beschaulichen Quelle des Schlierbachs. Bei diesem knapp einstündigen Waldspaziergang geben Schneisen und Biegungen immer wieder den Blick auf den Neckar frei. Auf dem Gelände *Schloss-Wolfsbrunnen-Weg 1* stand bis 1993 das ehemalige Schlosshotel, die bevorzugte Herberge von Gustaf Gründgens, Cosima und Richard Wagner und anderen prominenten Besuchern. Die Hausnummer 33 dieses Weges war der Wohnort des BASF-Gründers Carl Bosch. Etwa 200 m weiter hat im ehemaligen Garagenhaus der Villa Bosch im Frühjahr 1998 das *Carl Bosch Museum (Schloss-Wolfsbrunnen-Weg 46)* seinen Platz gefunden. Etwa 1 km weiter, an der Wolfsbrunnensteige 15, lädt ein Terrassenrestaurant (Mo und Di geschl.) zur Rast ein. Zurück geht es von Schlierbach bequem per Bus. *Linie 33, 35 Hausackerweg*

STADTVIERTEL

Altstadt **[102–103 A–F 3–4]**
Die Heidelberger Altstadt ist trotz der Totalzerstörung im Pfälzischen Erbfolgekrieg 1689 und 1693 an mehreren Markierungen und Straßenzügen leicht zu erkennen. So weisen die *Grabengasse* und der *Hexenturm* als ehemaliger Stadtgraben und Teil der Stadtmauer auf mittelalterliche Grenzen im Westen hin. Im Osten erinnert eine Gedenktafel am Ende der Heiliggeiststraße an das ehemalige Obertor. Und die Natur schuf die ehemaligen Nord-Süd-Begrenzungen in Form des Neckars und des Schlossbergs. Erst nachdem der Stadtgraben 1392 zugeschüttet worden war, konnte sich Heidelberg nach Westen hin ausdehnen. Durch aufwändige Sanierungsarbeiten wurde die Altstadt in den 1970er- und 1980er-Jahren verschönt und verkehrsberuhigt.

Bergheim und Weststadt
An das historische Zentrum Heidelbergs schließen sich westlich und südwestlich des Bismarckplatzes die Stadtteile Bergheim **[104–105 B–E 5–6]** und Weststadt **[109 D–E 1–2]** an. Das Gebiet zwischen Neckar und Kurfürstenanlage umschließt Bergheim, das seine historische Funktion als Versorgungs- und Fabrikviertel noch heute erkennen lässt. Die jenseits der Kurfürstenanlage gelegene Weststadt hingegen zeigt mit ihren schönen Gründerzeithäusern ihren Charakter als vornehme Wohngegend.

Zu den markanten Bauten und Einrichtungen von Bergheim zählt unter anderem die 1919 zwischen Neckar und Bergheimer Straße errichtete Ludolf-Krehl-Klinik. Das Gebiet zwischen Bergheimer Straße und Kurfürstenanlagen nehmen die Gebäude der Heidelberger Druckmaschinen, des weltgrößten Herstellers von Bogenoffsetmaschinen, ein. Im Frühjahr 2000 feierte das Unternehmen mit viel Prominenz die Einweihung eines spektakulären Glasturms, in dem die Print Media Academy seither residiert. Vor dem Bau gegenüber dem Hauptbahnhof macht seither auch die größte Pferdeskulptur der Welt (13 m hoch) auf sich aufmerksam, die in Heidelberg Debatten über den Begriff Kunst auslöste.

Nach der Kurfürstenanlage beginnt im Rücken der Bahnhofstraße die eigentliche Weststadt. Wie die mehrstöckigen Bürgerhäuser mit aufwändigem Fassadenschmuck, Giebeln und Erkern zeigen, waren es gewiss keine armen Leute, die ab 1861 hier bauten.

Handschuhsheim [104–105 C–E 1–3]

Heidelberg hat bei seiner Stadtentwicklung das Glück gehabt, dass ehemals eigenständige Gemeinden wie Neuenheim, Handschuhsheim und Rohrbach im Norden und Süden unmittelbar neben den Stadtgrenzen lagen. Dadurch war es unmöglich, das Städtewachstum in Form hässlicher Satellitensiedlungen zu vollziehen. Umso reizvoller ist es heute, vom weltläufigen Ambiente einer Universitätsstadt im Zentrum innerhalb weniger Fußminuten in das eher ländlich geprägte Ambiente von Handschuhsheim oder Rohrbach zu wechseln. An der Ecke *Mühltalstraße* fällt die Entscheidung schwer, weil sich gleich mehrere Lokale präsentieren: Kneipe, Biergarten und Restaurant. Gemütlich sind sie alle, und Fehler sind bei der Auswahl kaum zum machen. *Linie 3 Kapellenweg*

Neuenheim [104–105 C–E 3–5]

Das ehemalige Fischerdorf Neuenheim ist die älteste Siedlung in Heidelberg. Straßennamen wie »Am Römerbad« oder »Kastellweg« erinnern ebenso an römische Vorfahren wie ein Felsbrocken am Neckarvorland, der die Stelle einer ehemaligen Römerbrücke markiert. Die Wende zum 20. Jh. machte aus dem Stadtteil eine bevorzugte Wohngegend des Bürgertums. An den Fassaden der *Werder-*, *Schröder-* oder *Bergstraße* beherrschen Historismus und Jugendstil das

Neuenheim – einst römische Siedlung, jetzt Villenviertel

Bild. Die Gegend um den Marktplatz an der Ladenburger Straße oder auch die Bergstraße mit ihren Professorenhäusern erinnern ein wenig an die grünen Viertel Berlins: souverän und von einer gepflegten altmodischen Ausstrahlung, die noch so manchen jungen Zeitgeist überdauern wird. *Linie 3, 12 Schröderstraße*

STRASSEN & PLÄTZE

Adenauerplatz **[102 A5]**
Als Verkehrsinsel wird der in den 1980er-Jahren neu gestaltete Platz mehr Orientierung als Ziel bleiben. Der Durchgangsverkehr in alle vier Himmelsrichtungen fließt hier am Schnittpunkt von Alt- und Weststadt vorbei. Schnell erkennbar an der beeindruckenden Brunnenplastik von Rainer Scheithauer, hat das kleine Grün schon bessere Tage erlebt: Turnierplatz im 15. Jh., dann Landschafts- und Volksgarten, schließlich Bahnhofsvorplatz, bis 1955 der Bahnhof weiter nach Westen verschoben wurde. Der Europäische Hof und das Crowne Plaza (vormals Hotel Schrieder) sind von den vier vornehmen Hotels dieses ehemaligen Ankunftsortes noch übrig geblieben. *Linie 1, 3 Adenauerplatz*

Hauptstraße **[102–103 A–F 3–4]**
★ Seit 1978 rühmt sich Heidelberg, die mit 1,6 km längste Fußgängerzone Europas zu besitzen. Sie erstreckt sich vom Bismarckplatz bis zum Rathaus, heißt schlicht Hauptstraße und ist es auch. Historisch muss die Hauptstraße dieses Prädikat allerdings mit der Unteren Straße teilen. Bis zur ersten Stadterweiterung im Jahr 1392 bildete sie nämlich als »Obere Straße« zusammen mit der »Unteren Straße« die doppelte Ost-West-Achse der Stadt.

Die Shoppingmeile wartet auf mit Kaufhäusern und Brezelständen, dem *Kurpfälzischen Museum* und der *Heiliggeistkirche,* Barock- und Renaissancefassaden, Boutiquen und schönen Cafés. Die *Alte Universität* und der dazugehörige *Universitätsplatz* teilen diesen Straßenzug für Einheimische in die »Untere Hauptstraße« (Bismarckplatz bis Universitätsplatz) und die »Obere Hauptstraße« (Universitätsplatz bis Karlstor).

Im unteren Teil gehören das Kurpfälzische Museum und der

Das Leben bei Hofe

Schaurige und schöne Begegnungen

Wie wär's mit einem Rendezvous mit Heidelberger Schlossbewohnern? Jeden Samstag um 14.30 Uhr können Sie Hofdamen, Mägden oder ganz normalen Bürgerinnen bei der Führung »Das Leben bei Hofe« begegnen. Abends ab 19 Uhr geht es zur Geisterstunde auf das Schloss. *Info Service Center Schloss Heidelberg, Tel. 65 57 16 und 53 84 31, Fax 65 57 17 und 53 84 30*

Der Marktplatz: Kaffeetrinken mit Blick auf Herkules

Kunstverein (beide Nr. 97), das *Café Schafheutle* (Nr. 94) und das *Theater* (Ecke Hauptstraße/Theaterstraße) zu den Glanzlichtern. Im oberen Viertel kann man gleiches Prädikat der Gruppierung von Heiliggeistkirche, der Fassade des Hotels *Ritter* und dem *Marktplatz* sowie dem daneben gelegenen *Karlsplatz* zuschreiben. Natürlich darf die Hauptsache nicht vergessen werden, das Gebäude und der Platz, an denen sich die Aufteilung ausrichtet: die Alte Universität, in der das *Universitätsmuseum* eingerichtet wurde. *Linie 1, 2, 3 Bismarckplatz oder 12, 41, 42 Universitätsplatz*

Ingrimstraße **[103 E3]**
Die Ingrimstraße durchkreuzt ein Stück der Altstadt. Dieses Viertel zwischen Hauptstraße und Zwingerstraße zeugt mit Namen wie »Oberbadgasse« und »Mittelbadgasse« von der mittelalterlichen Badekultur in Heidelberg. Zahlreiche Häuser wurden in der jüngsten Zeit renoviert. Zu den Bewohnern von Floringasse und Ingrimstraße gehört Klaus Staeck, der freche Plakatmaler, mit seiner Galerie. Auch die *Werkstattgalerie (Krämergasse 12/2)* verdient in diesem Viertel einen Abstecher. Seit Jahren engagiert sich hier die »Heidelberger Künstlergruppe e. V.« mit Ausstellungen zeitgenössischer internationaler Kunst. Ein paar kleine Antiquariate und der traditionelle Jazzkeller *Cave 54* passen gut ins Bild. *Linie 11, 33 Rathaus/ Bergbahn*

Marktplatz **[103 E3]**
★ Wer ist der schönste in der ganzen Stadt – der Marktplatz oder der Universitätsplatz? Attribute der Schönheit des Marktplatzes sind die Fassaden und die geschlossene Harmonie des Raumes. Durch das *Rathaus,* die *Heiliggeistkirche,* die Fassade des *Ritters (Hauptstraße 178)* und der *Alten Hofapotheke* (*Hauptstraße 190,* heute McDonald's) hat der Marktplatz deutliche

Vorteile. Man sitzt bei einem Kaffee neben dem *Herkulesbrunnen* und hört ein bisschen der Geschichte des »Ritters« zu. Er heißt St. Georg, ist eine Nachbildung des 1870 abgestürzten Originals und steht ganz oben am Giebel der Hotelfassade: Es waren im Jahr 1592 der Tuchhändler Charles Belier und seine Ehefrau Francisca, die das heute schönste und künstlerisch wertvollste historische Bürgerhaus der Stadt erbauen ließen. Mit der Alten Hofapotheke steht ein weiterer architektonischer Höhepunkt fast nebenan – allerdings aus der Zeit des Barock. Rathaus und Heiliggeistkirche tauchen den Marktplatz bei spätem Sonnenschein in ein ganz besonders schönes Licht. Ihr roter Sandstein ist das Merkmal der großen Heidelberger Bauten.

Einen Steinwurf entfernt erinnern das *Palais Graimberg* (*Kornmarkt 5*, heute städtische Behörde) und das *Palais Sickingen-Boisserée* (*Hauptstraße 207–209*, heute Germanistisches Seminar) an drei wichtige Persönlichkeiten der Stadtgeschichte. Graf Charles de Graimberg hat nicht nur viele und inzwischen sehr teure Schlossansichten gemalt, sondern ab 1810 mit großem persönlichem Einsatz für den Wiederaufbau der damals zerfallenen Schlosspracht gekämpft. Er wird von den Lokalhistorikern als »Retter des Schlosses und eigentlicher Gründer des Kurpfälzischen Museums« geehrt. Seine private Historiensammlung bildete den Grundstock des heute interessantesten Museums der Stadt. Im Palais Sickingen-Boisserée lebten 1810–19 die Brüder Sulpiz und Melchior Boisserée, die eine berühmte Bildersammlung ihr Eigen nennen konnten. Die Sammlung ging Heidelberg verloren und bildete in München nach dem Ankauf durch König Ludwig I. von Bayern 1827 den Grundstock der Alten Pinakothek. *Linie 35 Alte Brücke, Linie 11, 33 Rathaus/Bergbahn*

Plöck **[102–103 A–D4]**

Die Plöck hat sich in den 1980er-Jahren von einer eher benachteiligten Stiefschwester der parallel verlaufenden vorderen Hauptstraße zu einer hübschen Bummelstraße entwickelt. Die Enge verleiht ihr Atmosphäre und unterstützt den Charme, der von witzigen Läden wie dem *Heidelberger Zuckerladen* (Nr. 52) ausgeht. In der Plöck ist außerdem die Uralt-Studentenkneipe *Essighaus* (Nr. 97) neben der Unibibliothek zu einer Art Ersatzmensa geworden. *Linie 1, 2, 3 Bismarckplatz oder 12, 41, 42 Universitätsplatz*

Universitätsplatz **[103 D3–4]**

★ Auf den Terrassenstühlen, wo früher ein großes Tor den Eingang in die Stadt markierte, herrscht zur Sommerzeit Hochbetrieb. Dabei eignet sich der Universitätsplatz viel besser als ein Steh- oder Gehplatz, denn ringsherum will viel betrachtet werden. Am Barockgebäude der *Alten Universität* (1712–35 errichtet) sind das einbezogene *Universitätsmuseum* und das östlich angebaute *Pedellenhaus* mit dem bis 1914 benutzten »Karzer« – einem Studentengefängnis – die interessantesten Sehenswürdigkeiten. An der Südseite des Platzes verdankt ein schmuckloser Kasten seine Errichtung einer amerikanischen Spende, die zum Bau der *Neuen Universität* in den Jahren

1930/31 von überseeischen Heidelberg-Freunden gekommen war.

Beschaulich präsentiert sich der kleine Innenhof, der die Neue Universität mit dem *Hexenturm* (Teil der alten Stadtmauer) verbindet. Am Ausgang steht an der *Seminarstraße 2* das *Collegium Academicum,* das für viele Heidelberger wie auch Heidelberg-Besucher schönste Barockgebäude der Stadt. Die dreiflügelige Anlage entstand 1750 als Jesuitenkonvikt. Im 19. Jh. diente es nacheinander als Irrenanstalt, Klinik und Kaserne. Und nach dem Zweiten Weltkrieg sollte es als selbst verwaltetes Studentenwohnheim zur »demokratischen Umerziehung der deutschen Jugend« beitragen. Das bunte Leben im »C. A.« mit Theaterbühne, Musikkeller und linkspolitischen Diskussionszirkeln missfiel der Universitätsleitung seinerzeit schon lange, weshalb das Gebäude schließlich 1978 für die Universitätsverwaltung frei gemacht wurde. An der Ecke zur Grabengasse steht schließlich die *Universitätsbibliothek* als prunkvoller roter Sandsteinbau. *Linie 12, 41, 42 Universitätsplatz*

Untere Straße **[103 D3]**

Hier ist der Kosmopolit und »ewige Student« genauso zu Hause wie der Heidelberger Krämer, den Urlaubsreisen gar nicht interessieren. Die kleine Straße hält viele Überraschungen bereit. Gleich am Eingang von der Heiliggeistkirche aus gibt das altbekannte und beliebte *Café Knösel* jedem und jeder gern einen »Studentenkuss«. Es folgt der *Reichsapfel* (Nr. 35) als ältestes Lokal der Straße. Im Hinterhof hat sich das ehemalige Bierlager des Lokals in ein beliebtes Bistro verwandelt und heißt schlicht *'s Lager.* Um die Ecke, in der *Pfaffengasse 18*, erinnert dann das *Friedrich-Ebert-Geburtshaus* als eine der empfehlenswerten Museumsadressen in Heidelberg an den ersten Reichspräsidenten. Im *Weinloch* (Nr. 19) trifft sich abends alles, ob frustig oder lustig, bei einer Schorle. Und in den kleinen Boutiquen wird witzige Mode verkauft. Von dem Schaden, den die Untere Straße als Drogenumschlagplatz in den 1970er-Jahren nahm, hat sie sich wieder erholt. *Linie 35 Alte Brücke oder 12, 41, 42 Universitätsplatz*

Richtig fit!

Joggen und Walken entlang des Neckars

Im Einklang mit der Natur, ohne Autoabgase in der Nase und mit viel Ruhe lässt es sich hier laufen oder walken, so weit die Füße tragen und die Kondition reicht. Der Weg ist ein reiner Laufpfad und Radweg seitlich des Neckars oder Neckarkanals mit schönem Blick auf Fluss und Felder. Wenn Sie über den Wehrsteg, nur wenige Meter vom Heidelberg Marriott Hotel in Richtung Autobahn bzw. Wieblingen, auf die andere Flussseite gekommen sind, kann's losgehen: links abbiegen, immer am Kanal entlang in Richtung Ladenburg, vorbei am Zoo bis zum Schwabenheimer Hof.

Eine kleine, aber feine Museumswelt

Auch im Stadtbild und in der Landschaft sind schöne Exponate zu finden

Für viele Heidelberg-Besucher ist die Stadt an sich schon ein einziges Freilichtmuseum, bietet sie doch in ihrer pittoresken Altstadt an jeder Ecke bestens erhaltene Zeugnisse verschiedener Epochen. Allen voran das Schloss, die Alte Brücke und der prachtvolle Renaissancebau in der Hauptstraße, das heutige Hotel Zum Ritter, sind Exponate, die das Stadtbild beherrschen, seinen Charakter prägen und das Auge des Betrachters erfreuen. Ein Paradestück ist auch das Geburtshaus des ersten Reichspräsidenten Friedrich Ebert in der Pfaffengasse. Ein Gang durch die kleine Wohnung, zu der eine steile Stiege führt, vermittelt ein beeindruckendes Gesellschaftsbild jener Zeit.

Leider sind im Laufe der Jahre viele museale Kostbarkeiten abhanden gekommen. Der Raub der Bibliotheca Palatina, im Mittelalter Europas bedeutendste Büchersammlung, war ein einschneidendes Ereignis. 1622/23 wurden aus allen möglichen Bibliotheken Heidelbergs 3600 Handschriften und fast 13 000 gedruckte Bücher requiriert und nach Rom geschafft.

Skulptur im Antikenmuseum

Nach dem Sturz Napoleons erhielt Heidelberg einen Teil der Bibliotheca Palatina mit 847 deutschen, 26 griechischen und 17 lateinischen Handschriften zurück. Ein Jahrhundert später büßte Heidelberg den Status als kurfürstliche Residenz ein und landete damit wieder auf der Verliererseite, was musealen Besitz betraf.

Bemerkenswerte Sammlungen in historischem Rahmen

Ein leidenschaftlicher Sammler historischer Objekte aus der Kurpfalz war Charles de Graimberg, Sohn eines französischen Landedelmannes und von Beruf Kupferstecher. Er war es, der sich zu Beginn des 19. Jhs. für den Wiederaufbau des Schlosses einsetzte. Seine Münzen, Bilder und Altäre sowie Skulpturen – über 3500 an der Zahl –

Lebenskreis von Kelten und Römern

Spurensuche auf informativem Rundweg

Auch die Kelten waren hier, genauer gesagt auf dem Heiligenberg, dessen Gipfel sie im 5. Jh. v. Chr. mit einem Achtung gebietenden Ringwall befestigten. Hier, 330 m über dem Neckartal, existierten zu jener Zeit Wohnstellen und Eisenerzgruben. Später kamen die Römer, die den Göttern Jupiter und Merkur ein Heiligtum errichteten. Doch die Geschichte des Heiligenbergs geht weiter: Im frühen Mittelalter befand sich hier ein karolingischer Königshof, im hohen Mittelalter war er ein heiliger Klosterberg. Mehr erfährt man auf dem *Keltenweg*, der mit Informationstafeln Aufschluss über die Siedlungsgeschichte gibt. Führungen sind zu buchen über das *Kurpfälzische Museum (Tel. 58 34 19)*, wo auch Originalfunde zu besichtigen sind, oder die *Schutzgemeinschaft Heiligenberg e.V. (Tel. 47 12 77)*.

bildeten die Grundlage für den Fundus des Kurpfälzischen Museums. Der hier eingegliederte Heidelberger Kunstverein sorgt mit seinen Ausstellungen und Installationen für einen modernen Kontrast zum Bild des romantischen Heidelberg.

Antikenmuseum **[103 D3]**
Die Archäologische Sammlung der Universität ist mit ihren beiden Abteilungen im Neuen Kollegiengebäude am Marstallhof untergebracht. Hauptattraktion ist die Abgusssammlung der Universität. Das Antikenmuseum im vierten Stock zeigt weniger spektakuläre Exponate, dafür sind es aber hier Originale: schön bemalte griechische Vasen, Terrakotten und Kleinbronzen, darunter auch eine bedeutende Sammlung böotischer Fibeln (Gewandnadeln), die zum größten Teil aus Griechenland, Italien und Zypern stammen. Sie wurden in der Zeit vom 4. Jahrtausend bis zur Spätantike hergestellt. *15. April bis 15. Juli und 15. Okt.–15. Feb., Antikenmuseum Mi 17–19 Uhr, So 11 bis 13 Uhr, Abgusssammlung Mi 15 bis 17 Uhr, So 11 13 Uhr, Eintritt frei, Führungen jeden 2. So 11 Uhr, Marstallhof 4 (Gebäude des Archäologischen Instituts der Universität Heidelberg), Tel. 54 25 12, www.heidelberg.de/Kultur+Freizeit, Linie 12, 35, 41, 42 Marstallstraße*

Carl Bosch Museum **[107 E4]** Insider-Tipp
Dank einer privaten Initiative wurde dieses Technikmuseum 1998 im ehemaligen Garagenhaus der Villa Bosch am Schlossberg eröffnet. Auf 300 m² werden die wichtigen Stationen im Leben und Wirken des Nobelpreisträgers Carl Bosch (1874 bis 1940) sichtbar. Sonderausstellungen und Führungen. Außerdem kann man den Skulpturengarten und das »Hochdruck«-Café besuchen. *Fr–Mi 10–17 Uhr, Eintritt 3,50 Euro, Schloss-Wolfsbrunnen-*

Weg 46, www.museum.villa-bosch.de, Linie 33, 35 Hausackerweg und Bergbahn Schloss

Deutsches Apothekenmuseum **[103 F4]**
Seit 1957 hat das Deutsche Apothekenmuseum im Heidelberger Schloss sein Domizil. Die Eingangstür unter der Freitreppe des Ottheinrichsbaus führt die Besucher direkt in die Gewölbe der ehemaligen Schlossküche. Hier sind heute neben der alten Arzneimittelsammlung »Materia medica« die vielen Apothekengefäße und Geräte aus der Zeit ausgestellt, als Pillen und heilsame Elixiere noch von der kundigen Hand des Apothekers hergestellt wurden. Auch die Kräuterkammer fehlt ebenso wenig wie ein komplettes Laboratorium mit Destillieranlage. *Tgl. 10–17.30 Uhr, 24. und 31.12. 10–13 Uhr, 25.12. geschl., Eintritt im Preis (Schloss) enthalten, Führungen nach Vereinbarung, Schlosshof 1, Tel. 258 80, www.heidelberg.de/Kultur+Freizeit, Bergbahn Schloss*

Deutsches Verpackungsmuseum **[102 B4]** Insider Tipp
Dass es bei Geschenken nicht zuletzt auf die Verpackung ankommt, zeigt das Museum in der Hauptstraße. *Mi–Fr 13–18 Uhr, Sa und So 11–18 Uhr, Eintritt 3,50 Euro, Hauptstraße 22, www.verpackungsmuseum.de, Linie 1, 2, 3 Bismarckplatz*

Dokumentations- und Kulturzentrum deutscher Sinti und Roma **[103 E3]**
Die in Europa einzigartige Einrichtung zeigt in Text- und Bilddokumentationen die Verfolgung und Ermordung der Sinti und Roma in der Nazizeit. Vorträge, Symposien, Konzerte und Wechselausstellungen. *Di, Mi, Fr 10–16.30 Uhr, Do 10–20 Uhr, Sa und So 11–16 Uhr,*

MARCO POLO Highlights »Museen«

★ **Heidelberger Kunstverein**
Moderne Kunst im Rahmen einer überzeugenden Architektur (Seite 42)

★ **Kurpfälzisches Museum**
Kultur und Kunst des Rhein-Neckar-Gebiets von der Urzeit bis zur Moderne (Seite 42)

★ **Reichspräsident-Friedrich-Ebert-Gedenkstätte**
Eindrucksvolles aus dem Leben des echten »Sume«, eines Heidelbergers aus der Altstadt (Seite 44)

★ **Studentenkarzer**
Amüsanter Ausflug in die Zeit, als studentische Schurkenstreiche drastische Strafen erfuhren (Seite 44)

★ **Universitätsbibliothek**
Bedeutende historische Schriften der Bibliotheca Palatina und die Manessische Liederhandschrift (Seite 45)

Der Heidelberger Kunstverein fördert die Kunst der Gegenwart

Eintritt frei, Bremeneckgasse 2, www.sintiundroma.de, Linie 11, 33 Rathaus/Bergbahn

Friedrichsbau **[103 F4]**

Im Piano nobile im Friedrichsbau des Schlosses hat eine dauerhafte Insider Tipp Präsentation von Tafelsilber Einzug gehalten. Die wertvollen Stücke, die zu den mehr als 300 Geschenken zur goldenen Hochzeit des Großherzogs Friedrich und seiner Gemahlin Luise 1906 gehörten, galten noch bis vor wenigen Jahren als verschollen. Nur im Rahmen einer Schlossführung zu besichtigen. *Eintritt 6 Euro inklusive Führung, Anmeldungen für Sonderführungen Tel. 53 84 21*

Heidelberger Kunstverein **[102 C3]**

★ Nach wie vor zählt der lebendige und aktive Heidelberger Verein mit 2400 Mitgliedern zu den größten in Deutschland. Gegründet wurde er 1869, um die bildende Kunst zu pflegen und insbesondere das Verständnis für die Kunst der Gegenwart zu wecken und zu fördern. Im Erweiterungsbau des Kurpfälzischen Museums. *Di–So 11 bis 18 Uhr, Mi 11–20 Uhr, Führungen Mi 18 Uhr und So 13 Uhr, Eintritt 3 Euro, Hauptstraße 97 (im Garten des Kurpfälzischen Museums), www.hdkv.de, Linie 12, 35, 41, 42 Marstallstraße*

Kurpfälzisches Museum **[102 C3]**

★ Das Palais Morass, heute Sitz des Kurpfälzischen Museums, zählt zu den herausragenden Barockbauten der Stadt. Die Dokumente zur Geschichte und Kultur der Kurpfalz vermitteln ein anschauliches Bild vom bürgerlichen und höfischen Leben in der Kurpfalz im 16. bis 18. Jh. Historische Wohnräume, Porträts pfälzischer Kurfürsten, eine bedeutende Münzkollektion sowie die berühmte Sammlung des Frankenthaler Porzellans bilden die Schwerpunkte. Die umfangreiche Gemäldesammlung enthält als ein

Hauptwerk des späten Mittelalters den Windsheimer Zwölf-Boten-Altar von Tilman Riemenschneider. Eine weitere Besonderheit sind die Werke der Heidelberger Romantiker, sehenswert vor allem die Bilder von Carl Philipp Fohr, Ernst Fries und Karl Rottmann. Überdies ist eine Ansicht des Heidelberger Schlosses ausgestellt, die William Turner zugeschrieben wird. In der Kostümpassage ist die Kleidung von Heidelberger Familien aus dem 18. und 19. Jh. ausgestellt. Nicht versäumen sollte man außerdem den Besuch des Kupferstichkabinetts und der Abteilung zur Stadt- und Universitätsgeschichte. Die archäologische Abteilung enthält neben vor- und frühgeschichtlichen Funden aus dem Rhein-Neckar-Raum eine Kopie des berühmten Unterkiefers des »Homo heidelbergensis«. Viel Sehenswertes ist obendrein aus der Kelten- und der Römerzeit vorhanden. *Di–So 10–18 Uhr, Eintritt 2,50 Euro, So 1,50 Euro, Führungen nach Voranmeldung, Hauptstraße 97, Tel. 58 34 00, www.heidelberg.de/Kultur+Freizeit, Linie 12, 35, 41, 42 Marstallstraße*

Museum für Geologie **[104 C4]**

Sicherlich zu Recht hat die Vitrine, in der der Original-Unterkiefer des Homo erectus heidelbergensis ausgestellt wird, einen zentralen Platz im Museum für Geologie/Paläontologie. Außerdem zu sehen: große Saurier aus dem Posidonienschiefermeer des Unterjura von Holzmaden, Fossilien von Wirbeltieren, Fischen, Pflanzen aus 2 Mrd. Jahren Erdgeschichte. *Mo–Fr 8.30–17 Uhr, Eintritt frei, Führungen auf Anfrage, Im Neuenheimer Feld 234, Tel. 54 82 91, http://geopal.uni-hd/museum/museum.html, Linie 1, 4, 12 Technologiepark*

Museum Haus Cajeth **[103 E3]**

Es waren die Maler der künstlerischen Avantgarde zu Beginn des 20. Jhs., die als Erste die Bedeutung der »primitiven« Malerei erfassten und mit dazu beitrugen, dass ihr besonderer Rang in der zeitgenössischen Kunst anerkannt wurde. Die Heidelberger Sammlung »Primitive Malerei im 20. Jh.« des Museums Haus Cajeth in dem schönen Barockhaus, das 1735 für den kurpfälzischen Münzwart Anton Cajeth erbaut wurde, zeigt beispielhaft eine Auswahl von Bildern einiger herausragender Primitiver Maler. Zum Haus gehört eine Buchhandlung, in der Drucke von Werken aus dem Museum verkauft werden. *Mo–Sa 11–17 Uhr, Eintritt 3 Euro inklusive Führung, Haspelgasse 12, Linie 35 Alte Brücke*

Museum Sammlung Prinzhorn **[105 E5]** Insider Tipp

2001 erhielt diese einmalige Sammlung von künstlerischen Arbeiten psychisch kranker Menschen einen würdigen Rahmen im ehemaligen Hörsaalgebäude der Neurologischen Klinik. In den Jahren 1919 bis 1921 trug der Psychiater und Kunsthistoriker Hans Prinzhorn rund 5000 Werke von etwa 450 Patienten zusammen. Jeweils 200 Arbeiten, u. a. Zeichnungen, Aquarelle, Ölgemälde, Collagen und Skulpturen, werden nun in wechselnden Ausstellungen in diesem »Museum der eigenen und anderen Art« gezeigt. *Di und Do–So 11–17 Uhr, Mi 11–20 Uhr, Eintritt 2 Euro, Führungen So 14 Uhr, Mi 18 Uhr, Sonderführungen nach Vereinbarung, Voß-*

Pädagogisch zweifelhaft, aber pittoresk: der Studentenkarzer

straße 2, Tel. 56 44 92, www.prinzhorn.uni-hd.de, Linie 2, 11, 33, 35 Thibautstraße

Reichspräsident-Friedrich-Ebert-Gedenkstätte **[103 E3]**

★ Mitten in Heidelbergs Altstadt verbrachte Friedrich Ebert die ersten 17 Jahre seines Lebens. Sein Geburtshaus ist heute Teil der Nationalen Gedenkstätte, die Leben und Wirken des ersten demokratisch gewählten deutschen Reichspräsidenten dokumentiert. Über eine schmale Stiege gelangt man in die kleine Wohnung, in der einst – ohne elektrisches Licht und fließendes Wasser – die Familie Ebert mit acht Personen lebte und tagsüber noch die Sattlergehilfen des Vaters arbeiteten. In den insgesamt zehn Ausstellungsräumen im Hinterhaus vermitteln Originalmobilar und zahlreiche Dokumente nicht nur einen eindrucksvollen Rückblick auf das Leben und die politischen Ereignisse um 1900, sondern auch auf die Anfangsjahre der Weimarer Republik, die von Ebert, der sich zeitlebens als Anwalt der kleinen Leute verstand, entscheidend mitgeprägt wurde. *Di–So 10–18 Uhr, Do 10–20 Uhr, Eintritt frei, Führungen nach Voranmeldung, Pfaffengasse 18, www.ebert-gedenkstaette.de, Linie 35 Alte Brücke*

Insider Tipp

Studentenkarzer **[103 D3]**

★ Wenn Heidelberger Studenten bis Anfang des 20. Jhs. vorgaben, im Sanssouci, Palais Royal oder gar im Grand Hotel zu übernachten, dann handelte es sich unzweifelhaft um eine Zelle im Studentenkarzer. Wurden die Herren Studenten bei blutigen Raufereien, Einbrüchen in Gärten und Weinbergen oder bei verbotenen Mensuren erwischt, bestrafte man sie noch bis 1914 mit bis zu einer Woche Karzer. *April bis Sept. Di–So 10–18 Uhr, Okt. Di–So 10–16 Uhr, Nov.–März Di–Sa 10 bis 16 Uhr, Eintritt 2,50 Euro, Augustinergasse 2, Linie 12, 41, 42 Universitätsplatz*

Textilsammlung Max Berk/ Kurpfälzisches Museum **[113 E2]**
Als der Textilfabrikant Max Berk 1978 das Textilmuseum gründete, wählte er dafür einen etwas ungewöhnlichen Ort: die evangelische Barockkirche in Heidelberg-Ziegelhausen. Nähmaschinen, Webstühle und Druckmaschinen für den Stoffdruck geben vor allem einen Einblick in die Textilproduktion vergangener Zeiten. Wechselnde Ausstellungen. *Mi, Sa, So 13–18 Uhr, Sondertermine und Führungen nach Vereinbarung, Eintritt je nach Art der Ausstellung verschieden, Brahmsstraße 8, Tel. 80 03 17, Linie 33 Brahmsstraße*

Universitätsbibliothek **[103 D4]**
★ Erker, Giebel, Bekrönungen und Türme charakterisieren die Fassade des Bibliotheksgebäudes. Der eigenwillige Bau wurde 1905 von Josef Durm entworfen. Die Universitätsbibliothek Heidelberg zählt zu den berühmten Bibliotheken der Welt und mit über 2,5 Mio. Bänden zu den großen in Deutschland. Sie bewahrt die deutschen Handschriften der Bibliotheca Palatina auf und besitzt Kopien der gesamten Handschriftenbestände dieser alten, heute im Vatikan befindlichen Bibliothek. Mit der Manessischen Liederhandschrift, die 1888 wieder in den Besitz der Universität gelangte, verfügt sie über das wertvollste Zeugnis der hochmittelalterlichen Buchkunst in Deutschland. Im Skriptorium wird die Herstellung von Pergament, Tinten und Farben im Mittelalter dokumentiert. *Mo–Sa 10–18 Uhr, Eintritt frei, Plöck 107 bis 109, www.ub.uni-heidelberg.de, Linie 12, 41, 42 Universitätsplatz*

Universitätsmuseum **[103 D3]**
Seit 1996 ist Heidelberg um dieses ebenfalls eigenwillig gestaltete Museum reicher. Das Universitätsmuseum befindet sich in den drei Erdgeschossräumen des zweiflügeligen Gebäudes der Alten Universität. In chronologischer Abfolge werden hier 600 Jahre Universitätsgeschichte nachvollziehbar. Der erste Raum (A) behandelt die Zeit der Pfälzer Kurfürsten (1386–1786). Im zweiten Raum (B) wird die Zeit des aufstrebenden Großherzogtums Baden unter Großherzog Karl Friedrich lebendig. Der dritte Raum (C) gibt Einblicke in die Universitätsentwicklung im 20. Jh. *April–Sept. Di–So 10–18 Uhr, Okt. Di–So 10 bis 16 Uhr, Nov.–März Di–Sa 10 bis 16 Uhr, Kombiticket Universitätsmuseum, Eintritt Alte Aula und Studentenkarzer 2,50 Euro, Alte Universität, Grabengasse 1, Linie 12, 41, 42 Universitätsplatz*

Völkerkundemuseum **[103 F3]**
Der Sammelleidenschaft von Victor Goldschmidt, Professor für Mineralogie, verdankt Heidelberg sein Völkerkundemuseum im klassizistisch geprägten Palais Weimar. Besonders interessant ist die Sammlung zur Asmat-Kultur aus Neuguinea. Zu sehen sind Holzschnitzwerke, Ahnen- und Seelenfiguren, Speere, Musikinstrumente, Fischereigeräte und Flechtarbeiten. *Di–Sa 15 bis 19 Uhr, So 13–19 Uhr, Eintritt 2,60 Euro, Gruppen nach Voranmeldung, Hauptstraße 235, Tel. 220 67, Linie 11 Karlstor*

Badische Küche und andere Gaumenfreuden

Die Speisekarte ist so international wie die Stadt und ihre Bewohner

Ob Fastfood oder Gourmettempel, gut bürgerlich oder exotisch: Ganz gleich, wonach Ihnen der Sinn steht oder was der Geldbeutel diktiert, in Heidelberg ist für jeden der Tisch gedeckt. Dabei stehen erwartungsgemäß badische Spezialitäten ganz oben auf der Speisekarte der deutschen Gastronomie. Die Küche leugnet auch nicht die Nähe und Verbundenheit zur benachbarten Pfalz und hält der ehrlichen Kartoffel, auf gut pfälzisch Grumbeere, die Treue. Der Odenwald vor der Haustür sorgt öfter als anderswo für frisches Wild auf der Karte.

BIERGÄRTEN

Deftiges und Schmackhaftes für den kleinen und großen Hunger und als Grundlage für einen erlebnisreichen Tag gibt's hier ab 7 Euro.

Alt Hendese [105 D1]

★ Unter der Laube uralter Weinranken genießen Studenten wie »echte« Handschuhsheimer im schönsten Biergarten des Stadtteils eine große Auswahl an guten Fleischgerichten. *Tgl., Mühltalstraße 4, Tel. 48 05 17, Linie 3, 4 OEG-Bahnhof*

Feine Küche in Traumlage serviert das Restaurant Molkenkur

Bierhelderhof [110 A4]

Bayern vor den Toren der Stadt. Der Weg zu diesem Prachtexemplar an Biergarten hat noch niemanden gereut. *Mo geschl., Bierhelderhofweg 1, Tel. 228 27, Linie 21 Bierhelderhof*

Hemingway's [102 A3]

Ein kleiner, etwas abgelegener Traditionsbiergarten unter alten Bäumen am Rande der Altstadt. Hier werden einfache, gute Gerichte serviert. *Tgl., Fahrtgasse 1, Tel. 16 50 33, Linie 1, 2, 3 und Busse Bismarckplatz*

Rossi [102 A5]

Großer, alter Biergarten mit Urlaubsatmosphäre und eine beliebte Brunchadresse. Getränke gehen extra. *Tgl., Ecke Rohrbacherstraße/Poststraße, Tel. 974 60, Linie 1, 2, 3 Bismarckplatz*

Der »Studentenkuss« ist die süße Spezialität im Café Knösel

BISTROS

Café Journal **[103 E3]**
Wie der Name es andeutet, liegen hier jede Menge internationaler Zeitungen und Zeitschriften aus. Aber richtig beliebt hat sich dieses Café-Restaurant durch seine großräumige, lässige Atmosphäre und seine Vielfalt an köstlichen Snacks gemacht. *Tgl., Hauptstraße 162, Tel. 16 17 12, Linie 11, 33 Rathaus/Bergbahn*

Cocktail-Café Regie **[102 C3]**
Sie haben klangvolle Namen wie »Mach's nochmal, Sam«, »The good, the bad and ugly« oder »Sister Act«, die mehr als 160 Cocktails, die den Gusto alter und neuer Movies auf die Zunge bringen. Auch für den großen und kleinen Appetit gibt es allerlei Schmackhaftes. Im Sommer Terrasse mit Blick auf das Geschehen in der City. *Tgl., Theaterstraße 2, Tel. 65 22 26, Linie 12, 41, 42 Universitätsplatz*

Havana **[102 C3]**
★ Wie wär's mit einem Kurzurlaub in der Karibik? Das Havana im Kongresshaus Stadthalle bringt im lateinamerikanischen Ambiente 150 Gerichte wie Tapas, Tortillas, Rollos, aber auch Pasta, Pizza und Aufläufe auf den Tisch. Ebenso vielfältig ist die Getränkeauswahl mit über 100 Cocktails, Longdrinks oder Kaffeespezialitäten. Mit Sommerterrasse. *Tgl., Neckarstaden 24, Tel. 389 34 30, Linie 12, 35, 41, 42 Kongresshaus*

Print Media Lounge **[108 C1]**
Ein bisschen New York in Heidelberg von 8 Uhr morgens bis 3 Uhr nachts. Leichte Küche vom Frühstück über Businesslunch bis zum Dinner. Über 20 verschiedene Weine aus der ganzen Welt und 100

originelle Cocktails werden auf zwei Etagen und auf der Sommerterrasse serviert. *Tgl., Kurfürstenanlage 60, Tel. 65 39 49, Linie 11, 41, 42 Hauptbahnhof*

BRUNCH

Crowne Plaza [102 A5]
Dem hohen Standard des Hotelrestaurants Westcoast entspricht auch die Qualität des Brunchs. *So 12 bis 15 Uhr, Kurfürstenanlage 1, Tel. 91 70, Linie 1, 3, Adenauerplatz*

Zum Schwarzen Walfisch [105 E6]
Der Schwarze Walfisch hält eine Frühstückskarte mit über 30 Möglichkeiten der kalten und warmen Küche bereit. Für 10 Euro bleiben keine Wünsche offen. *Tgl., Bahnhofstraße 27, Tel. 201 85, Linie 1, 3 Poststraße*

CAFÉS & EISDIELEN

Café Burkardt [103 D3]
Eine der beliebten Heidelberger Institutionen: In der »guten Stube« wird seit Jahr und Tag gedankenverloren oder gesprächig im Kaffee gerührt. »Das Burkardt« ist bekannt für seine riesigen Hefekuchenstücke, die auch zum Wein köstlich schmecken. *Tgl., Untere Straße 27, Linie 35 Alte Brücke*

Café Knösel [103 E3] Insider Tipp
Ein altes Café der Stadt. Die Wände hängen voller Fotografien, auf denen mehrere Generationen korporierter Studenten posieren. Das Knösel ist heute kein Treffpunkt von Studentenverbindungen mehr. In dem gemütlichen Salon teilen sich ältere Damen aus Heidelberg, Liebespaare, Professoren und auch

MARCO POLO Highlights »Essen & Trinken«

★ **Alt Hendese**
Ländliche Kochkunst und ein wunderschöner Garten (Seite 47)

★ **Havana**
Kulinarischer Kurzurlaub in der Karibik bei Tapas, Rollos und Tortillas (Seite 48)

★ **Café-Terrasse Kurpfälzisches Museum**
Kaffeepause zwischen Kunst und Kuchen (Seite 51)

★ **Piccolo Mondo**
Seit vielen Jahren das meistgeschätzte italienische Restaurant der Stadt – und das feinste dazu (Seite 51)

★ **Schlossweinstuben**
Verfeinerte Regionalküche mit Blick auf die Fassade des Schlosses (Seite 51)

★ **Bodega Don Jamón**
Spanisches Restaurant mit mediterraner Küche und angenehmem Service (Seite 51)

★ **Pop**
Kulinarisches auf dem Teller, schrille Kunst an der Decke (Seite 52)

Die Gourmettempel von Heidelberg

Restaurant Hirschgasse [103 F1]
Die Adresse des kleinen Hotels mit Restaurant gegenüber dem Schloss auf der anderen Neckarseite wird von Aristokraten des guten Geschmacks gehandelt. Die Küche setzt mit ihrem »Sterne-erfahrenen« Chef regionale Akzente. *À la carte ab 18 Euro, Menü 40–75 Euro. So und Mo geschl., Hirschgasse 3, Tel. 45 40, Linie 34 Hirschgasse*

Kurfürstenstube [102 A5]
Ein erneuter Beweis dafür, dass auch Hotelküchen wissen, wie man Gourmets begeistern kann. Die feinen Kreationen von Jörn Weischede, Küchenchef im Europäischen Hof, werden nicht nur von der Fachpresse mit Beifall bedacht. *À la carte 24–30 Euro, kleines Degustationsmenü ab 60 Euro. Tgl., Friedrich-Ebert-Anlage 1, Tel. 51 50, Linie 1, 3 Adenauerplatz*

schwarzDas Restaurant [108 C1]
Im 12. Stock der Print Media Academy hat Starkoch Manfred Schwarz sein Restaurant eröffnet. Französisch-italienische Küche mit internationalem Einschlag und verfeinerte regionale Spezialitäten. Mittags Gourmetbistro. *À la carte 10–25 Euro, Menü 35–110 Euro. So, Mo geschl., Kurfürstenanlage 60, Tel. 75 70 30, www.schwarzdasrestaurant.de, Linie 11, 41, 42 Hauptbahnhof*

Simplicissimus [103 E3]
Der »kleine Spiegelsaal« ist eine feste Größe in der Heidelberger Altstadt. Die Küche trägt die Handschrift der Provence. Im Sommer ist ein romantisches Gärtchen geöffnet. *À la carte ab 20 Euro, Menü 34–35 Euro. Di geschl., Ingrimstraße 16, Tel. 18 33 36, Linie 12, 41, 42 Universitätsplatz*

einige Touristen gern die paar Tische. Als Spezialität und kulinarisch gelungenes Mitbringsel aus Heidelberg verkauft das Café den »Studentenkuss«, eine Nougat-Schokoladenpastete, die als schönes Souvenir begehrt ist. *Mo geschl., Haspelgasse 20, Linie 35 Alte Brücke*

Café Rossi [102 A5]
Der stimmungsvolle Großraum mit schöner Terrasse bietet von morgens bis abends Gelegenheit zum Verweilen. Mit dem italienischen Namen verbindet sich auch die südländisch geprägte Auswahl der Snacks und Tellergerichte, die es neben Kuchen und Kaffee hier gibt. *Tgl., Ecke Rohrbacherstraße/Poststraße, Linie 1, 2, 3 Bismarckplatz*

Café Schafheutle [102 C3] In Ti
»Heut' geh'n wir ins Schafheutle« – ein erwartungsfroher Ausspruch vieler Heidelberger, nicht nur nach dem Einkaufsbummel. Das Café ist mit einer eigenen, hervorragenden Konfiserie, Fensterplätzen zur Hauptstraße und einem wunderschönen kleinen Garten ausgestattet. *So geschl., Hauptstraße 94, Linie 12, 35, 41, 42 Kongresshaus*

Café-Terrasse Kurpfälzisches Museum [102 C3]
★ Kein Café im eigentlichen Sinne und trotzdem eine selten schöne Möglichkeit, Kaffee zu trinken. Von der Terrasse des Restaurants Kurpfälzisches Museum schaut man in den großen Garten von Museum und Kunstverein. *Tgl., Hauptstraße 97, Linie 12, 35, 41, 42 Marstallstraße*

Casa del Caffè [103 E3]
Ein Stehcafé nach bester italienischer Art: geschmackvoll eingerichtet, Kaffee in allen Varianten. So wird man im Handumdrehen fit für neue Touren, oder man bleibt länger, weil das Gespräch an der Bar die Bestellung eines zweiten und dritten Espressos erfordert. *Tgl., Steingasse 8, Linie 35, Alte Brücke*

RESTAURANTS €€€

Molkenkur [103 F5]
Edles Restaurant am Schlossberg in schönster Aussichtslage über Heidelberg. Die frische, auf die Jahreszeiten abgestimmte Küche schmeckt im Sommer auf der großen Terrasse genauso gut wie im Winter im historischen Spiegelsaal. Menü ab 32 Euro. *Tgl., Klingenteichstraße 31, Tel. 65 40 80, Bergbahn Station Molkenkur*

Piccolo Mondo [103 D4]
★ Der Mensch lebt nicht vom Brot allein. Aber beispielsweise von Pasta mit Languste bei Kerzenschein. Mit diesem und ähnlichen Rezepten hat sich das Restaurant zum feinsten Italiener in Heidelberg gemacht. *Mo geschl., Klingenteichstraße 6, Tel. 60 29 99, Linie 11, 33 Peterskirche*

Romantik Hotel Zum Ritter St. Georg [103 E3]
Hinter der imposanten Renaissancefassade wartet in stilvollem Ambiente eine gute Küche mit regionalen und internationalen Spezialitäten. *Tgl., Hauptstraße 178, Tel. 13 50, Linie 11, 33 Rathaus/Bergbahn*

Schlossweinstuben [103 F4]
★ Nach aufwändiger Renovierung wurde aus der alten Weinstube im Schlosshof ein großzügig gestaltetes Restaurant mit mehreren Räumen. Der Blick aus dem Fenster zeigt die prachtvolle Renaissancefassade, der Blick auf den Teller Variationen einer verfeinerten Regionalküche. *Mi geschl., Schlossinnenhof, Tel. 979 70, Bergbahn Station Schloss*

RESTAURANTS €€

Backmulde [102 C3]
Optimales Preis-Leistungs-Verhältnis in einem zentral gelegenen Traditionsrestaurant. Abwechslungsreiche Küche, sehr freundlicher Service. *So und Mo-Mittag geschl., Schiffgasse 11, Tel. 536 60, Linie 12, 35, 41, 42 Kongresshaus*

Bodega Don Jamón [109 E6]
★ Gelungene spanische Abende mit Tapas, Tortilla, Paella, Landschinken und Gambas im Stadtteil Rohrbach. Die kleine, hübsch eingerichtete Bodega mit dem malerischen Innenhof ist stets gut besucht, weshalb eine frühzeitige Reservierung unbedingt notwendig ist. *Tgl., Bierhelderweg 4, Tel. 37 43 12, Linie 3, 4, 11 Rohrbach Markt*

Cabana [108 C2]
Seafood-Bar und Grill. Ein Lieblingsplatz für Leute, die sich in ungezwun-

Eintauchen in die Zeit der Sechziger- und Siebzigerjahre im Restaurant Pop

gener Atmopsphäre wohl fühlen und großen Hunger mitbringen. Lammgerichte schmecken hier besonders gut. Für Kinder gibt es einen Spielplatz. *Tgl., Speyererstraße 15, Tel. 18 00 11, Linie 11, 41, 42 Rudolf-Diesel-Straße*

Gasthof Lamm **[105 E2]**
Serviert wird feine badische Küche im romantischen Ambiente von Handschuhsheim. *Tgl., Pfarrgasse 3, Tel. 479 30, Linie 3 Kapellenweg*

Giardino **[109 E4]**
Hier kocht ein Italiener auf hohem Niveau zu fairen Preisen. *Tgl., Rohrbacher Straße 166, Tel. 31 41 00, Linie 3, 4 Rheinstraße*

Goldener Hecht **[103 E3]**
Goethe war da und hat in dem Traditionsrestaurant ein eigenes Zimmer. Eine den Appetit anregende Begegnung auch mit anderen berühmten Dichtern, die hier einst zu Gast waren. Deutsche Küche. *Tgl., Steingasse 2, Tel. 269 84, Linie 35 Alte Brücke*

Hackteufel **[103 E3]**
Urig, altdeutsch und obendrein zentral. Auf den Holztischen landet immer Marktfrisches und delikat Zubereitetes. *Tgl., Steingasse 7, Tel. 90 53 80, Linie 35 Alte Brücke*

Hugo Wine & Dine **[102 A6]**
Ein Restaurant mit einem integrierten Weinladen. Von den 450 verschiedenen Weinen kann jeder einzelne gegen ein Korkengeld im Lokal getrunken werden. *Tgl., Rohrbacher Straße 47, Tel. 586 01 20, Linie 21, 29 Hans-Böckler-Straße oder Kaiserstraße*

Pop **[103 D3]**
★ Ein Relikt der 1960er- und 1970er-Jahre, als sich die Untere

Straße noch nicht so wohl frisiert und aufgemöbelt zeigte. In etwas schrillem Interieur mit Autokühlerhauben an der Decke wird italienisch betonte Küche ohne Schnickschnack zubereitet. Die Pop-Art der Inneneinrichtung steht unter Denkmalschutz. *Tgl., Untere Straße 17, Tel. 255 59, Linie 35 Alte Brücke*

Trattoria Toscana **[113 E2]**
Man weiß nicht, was man bei Franco und Franca zuerst loben soll – das ansprechende Ambiente sowohl im Restaurant als auch in dem kleinen Gärtchen, den persönlichen Service, die edle italienische Küche oder die moderaten Preise. Die Trüffel-Agnolotti lassen jedes Gourmetherz höher schlagen. Immer gut besucht (reservieren!). *Mo und (außer So) mittags geschl., Peterstaler Str. 66 (Ziegelhausen), Tel. 89 59 70, Linie 33 Steinbacher Tal*

Weißer Bock **[103 D3]**
Im Bistrostil eingerichtet, gute Küche. Da gut besucht, ist eine Anmeldung für den Abend sehr ratsam. *Tgl., Große Mantelgasse 24, Tel. 900 00, Linie 12, 41, 42 Universitätsplatz*

Wirtshaus Zum Spreisel **[103 E3]**
Knackige Salate und große Portionen. Die Terrassenplätze sind im Sommer schnell vergeben. An der Alten Brücke. *Tgl., Neckarstaden 66, Tel. 235 43, Linie 35 Alte Brücke*

RESTAURANTS €

Essighaus **[102 C4]**
Dass es in der Altstadt eine preiswerte Alternative zu den vielen Fastfoodläden gibt, ist ein Verdienst dieses Gasthauses. Mo nur abends geöffnet. *Tgl., Plöck 97, Tel. 224 96, Linie 11, 33 Peterskirche*

Rose **[105 E2]**
Ob im Gastraum oder im Hof: Heidelberger Gäste lieben die bodenständigen Tellergerichte, die liebevoll zubereitet und gut gelaunt serviert werden. *Mo geschl., Handschuhs-*

Gasthaus der anderen Art

Gutes für Leib und Seele in der neuen Mensa

Mittendrin im studentischen Geschehen und damit in einem für Heidelberg ganz wesenseigenen Lebensbereich ist man im Zeughaus des Marstalls, einer um 1510 erbauten Lagerhalle. Die Mensa verbindet mit ihrer kürzlich erfolgten Neueröffnung den Anspruch und Wunsch, Kristallisationspunkt und kulturelles Zentrum des studentischen Lebens in der Altstadt zu sein. Geöffnet ist durchgehend von mittags bis abends, es gibt Fleisch, Fisch und Vegetarisches vom Buffet sowie eine Salat- und Desserttheke – auch für Gäste. Und das zu Preisen, die an gute alte Zeiten erinnern. Wer den richtigen Zeitpunkt erwischt, kann hier auch Kleinkunst und Livemusik erleben. *Neckarstaden 2–6, Linie 12, 35, 41, 42 Marstallstraße*

Heidelberger Spezialitäten

Lassen Sie sich diese Köstlichkeiten gut schmecken!

Apfelküchle – Ob als Hauptgericht oder als Dessert: eine süße Köstlichkeit aus Pfannkuchenteig mit darin versteckten Apfelscheiben. Zucker und Zimt oder Vanillesoße sollten ihre Begleiter sein

Buwespitzle – Genau so groß sollten sie sein, nämlich wie der »Spitz« von einem kleinen Bub. Aus durchgepressten Kartoffeln vom Vortag, mit Eiern, Mehl und Butter geknetet und gebraten, eignen sie sich als Beilage zu Süßem und Herzhaftem

Dampfnudeln –
Eine Mehlspeise auf badische Art. Oben luftig zart und unten kross und knusprig-salzig

Holunderwein – Begrüßungstrunk für die sonnige Jahreszeit: Holunderblüten werden drei Tage lang in Rieslingwein und Rieslingsekt mit Zucker und Zitrone eingelegt

Kartäuserklöße – Einst ein Armeleuteessen: altbackene, in Milch, Zucker und Eigelb eingeweichte Brötchen, in Weckmehl gewendet und in Fett ausgebacken, mit Zucker und Zimt bestreut

Kerscheplotzer – Die »Kersche« (Süßkirschen) werden mit eingeweichten Brötchen, Eiern, Zucker, Butter, Mandeln und Kirschwasser in einer Auflaufform gebacken. Man isst sie heiß oder kalt, solo oder mit Vanillesoße

Maultaschen – Von einem guten Koch oder Metzger müssen sie sein, die von Nudelteig ummantelten Hackfleischklößchen mit Spinat und einem Quäntchen Geheimnis. Mit in Butter geschmälzten Zwiebelringen ein Hochgenuss

Schlachtplatte – Gut und lange gekochtes Sauerkraut mit Grieben- und Leberwürstchen, Schweinebauch oder -bäckchen und vielleicht einer Bratwurst. Dazu gehört feines Kartoffelpüree

Spargel – Ob mit zerlassener Butter, mit Sauce Hollandaise oder als Salat mit einer Vinaigrette serviert: Das königliche Gemüse wächst rund um Heidelberg – man darf es einfach nicht versäumen

Verheierte – Sie sind nicht wirklich verheiratet, und gewöhnlich kommen sie auch nicht gemeinsam daher: in Brühe gekochte Kartoffelwürfel und Spätzle. Zusammengerührt, mit Muskat gewürzt und mit vielen in Butter gedämpften Zwiebelringen serviert – ein ganz altes vegetarisches Gericht

heimer Landstraße 130, Tel. 48 09 49, Linie 3, 4 OEG-Bahnhof

STUDENTENLOKALE

Hier lässt sich's gut sein – bei Bier und Wein und bei Gerichten ab 6,50 Euro.

Gilberts Goldener Adler [105 E2]
Nicht »historisch«, aber seit langem eine sehr beliebte und gemütliche Studentenkneipe mit kleinem Garten und großartiger Kartoffelsuppe. Die sichere Adresse für einen gelungenen Abend in Handschuhsheim. *Tgl., Handschuhsheimer Landstraße 96, Tel. 41 38 88, Linie 1, 3, 4 OEG-Bahnhof*

Goldener Reichsapfel [103 D3]
Das älteste Lokal im Ausgehviertel um die Untere Straße. Immer laut und voll, weiß Gott, warum, aber es ist so. *Tgl., Untere Straße 35, Tel. 279 50, Linie 35 Alte Brücke*

Schnookeloch [103 E3]
»Emol in der Woch' muss der Mensch in's Schnookeloch« steht in großen Lettern an der Decke des alten Lokals, das schon seit Jahrhunderten von Studenten bevorzugt wird, die sich diese Aufforderung sicher schon früher nicht zweimal sagen lassen mussten. Auf der Speisekarte steht Herzhaftes und Deftiges. *Mo geschl., Haspelgasse 8, Tel. 13 80 80, www.schnookeloch.de, Linie 35 Alte Brücke*

Zum Roten Ochsen [103 F3]
Eines der wenigen Heidelberger Studentenlokale, die sich »historisch« nennen dürfen. 1703 erbaut, begrüßte es Kardinal Spellmann genauso wie John Wayne oder Marilyn Monroe. Die Gaststube ist eine Art Studenten-Freizeitmuseum. *So geschl., Hauptstraße 217, Tel. 209 77, Linie 35 Neckarmünzplatz*

WEINSTUBEN

So wie sich der Bogen vom einfachen Schoppenwein bis hin zum edlen Tropfen spannt, so unterschiedlich sind auch die Preise für die einzelnen Gerichte.

Altdeutsche Weinstube [103 F3]
In der kleinen Altstadtstube kocht und serviert die Wirtin selbst. *Mo, Do und So geschl., Hauptstraße 224, Tel. 241 38, Linie 11, 33, 35 Karlstor*

Lämmchen [105 D2] Insider Tipp
Romantik in Handschuhsheim: Wein bei Kerzenschein und Handkäs mit Musik in der Stube oder unter der Weinlaube im Hof. *Tgl., Pfarrgasse 3, Tel. 479 30, Linie 3 Kapellenweg*

Traube [109 E6]
Wenn es Abend wird im Stadtteil Rohrbach, dann füllen sich die Tische in diesem Weinlokal mit einem bunten Völkchen hungriger Mäuler und mit vorzüglicher Hausmannskost. Der ausgeschenkte Wein stammt aus eigener Produktion. Gemütlich, freundlich und preiswert. *Tgl., Rathausstraße 75, Tel. 37 37 92, Linie 3, 4, 11 Rohrbach Markt*

Weinstube Schnitzelbank [102 C3] Insider Tipp
Eine versteckte kleine Höhle, wenige Meter von der Hauptstraße entfernt. Von außen kaum zu erkennen, von innen aber unverwechselbar. *Tgl., Bauamtsgasse 7, Tel. 211 89, Linie 12, 35, 41, 42 Kongresshaus*

Von Antiquitäten bis Zuckerle

Europas längste Fußgängerzone und verwinkelte Gässchen laden zum Bummeln ein

Das Herz der Heidelberger City ist die Hauptstraße – ein Einkaufsbummel sollte deshalb hier beginnen. Und zwar »unten«, wie die Heidelberger sagen, also am Bismarckplatz. Der Weg führt nach »oben«, Richtung Karlstor, und bietet so ziemlich alles, was zum Kauf verleiten mag. Zu Beginn machen die großen Kaufhäuser ebenso auf sich aufmerksam wie die Einkaufspassage Darmstädter Hof Centrum. Nicht außer Acht lassen sollte man die kleinen Nebenstraßen der längsten verkehrsfreien Einkaufszone Europas. Die erste Einkehr führt nach rechts in die St.-Anna-Gasse, die zweite in die Neugasse. Die Galerie Vogel als eine der größeren deutschen privaten Kunstgalerien offeriert in der Hauptstraße vor allem Zeitgenössisches und Dekoratives. Für alle, die gern kochen und ein Faible für schöne Küchenutensilien haben, empfiehlt sich ein Schwenk in die Ziegelgasse Richtung Neckar zum Fachgeschäft Grünvogel. Wer gegenüber die Märzgasse entlanggeht, stößt auf die Plöck, die man als kleine Schwester der Hauptstraße bezeichnen könnte und die sie ein ganzes Stück parallel begleitet. Hier haben sich einige interessante Geschäfte etabliert. Globetrotter finden im gleichnamigen Geschäft vieles für Abenteuer und Exkursionen. Weiter oben ist alles für Zuckerschnuten gerichtet: Der Heidelberger Zuckerladen ist nicht nur ein Erlebnis für den Gaumen, sondern mindestens in gleichem Maß für das Auge – öffnen Sie die alte schwarze Tür, und tauchen Sie ein in eine unvergleichliche Welt für Naschkatzen.

Moderne und dekorative Kunst in der Galerie Vogel

In der Hauptstraße geht es nach der Märzgasse zunächst weiter zum Theaterplatz. Unterwegs schlendert man vorbei an Modegeschäften und immer wieder an Schuhboutiqen, die in der Stadt mindestens so zahlreich vertreten sind wie Handyläden. In Höhe des Universitätsplatzes stellt sich die Frage: Weiter auf der Hauptstraße oder abbiegen in die Untere Straße, (Insider Tipp) wo avantgardistische Mode wartet? In den Nebenstraßen finden sich unter anderem Antiquariate, Weinhandlungen, Blechspielzeug und italienische Feinkost. Nach dem Bummel warten mittwochs und samstags auf dem Marktplatz, wo Handschuhsheimer, Odenwälder und Pfälzer Bauern ihre Waren anbieten, ein stimmungsvoller Ausklang und ein feiner Cappuccino.

Ein ganz anderes Einkaufserlebnis vermittelt die Friedrich-Ebert-Anlage zwischen Bismarckplatz und Friedrich-Ebert-Platz. Edles von Antiquitäten, Teppichen, hochwertiger Mode und eleganten Einrichtungsgeschäften bis zu dem alteingesessenen Weinhaus Fehser, ist hier zu finden. Ebenfalls von ganz eigenem Charakter und angenehm überschaubar ist der Stadtteil Neuenheim. Die Brückenstraße bietet bis zum Mönchhofplatz vieles für den guten Geschmack. Auch hier warten Antiquitäten, Mode, Feinkost, Weine und eine Galerie.

ANTIQUITÄTEN

Brook's english antiques [102 A4]
Silber und Messing in schönen traditionellen Formen und direkt aus England importiert sowie hochwertige Geschenkartikel aus verschiedenen anderen Ländern. Zum Stöbern schön. *St.-Anna-Gasse 1, Linie 1, 2, 3 Bismarckplatz*

Galerie Antik [102 A1]
Bei Heidelbergern auch als »Mein Lädchen« bekannt. Liebevoll sortierte Kleinmöbel und andere Antiquitäten, die man unterm Arm nach Hause tragen kann. *Brückenstraße 34, Linie 3, 12 Schröderstraße*

BIOLADEN

Füllhorn [105 E6]
Alles, was gesund und gut ist, findet man hier in einem einladenden Ambiente, das nichts gemein hat mit dem Image verschrumpelter Äpfel und grauer Brotscheiben. Vielfalt auf der ganzen Vollwertebene mit Stehcafé, frischen Crêpes, belegten Brötchen, Tee und Kaffee sowie das gesamte Sortiment eines kleinen Kaufhauses. *Bahnhofstraße 33, Linie 1, 3, 34, 41, 42 Poststraße*

DELIKATESSEN & WEINE

Atrium [103 D3]
Eine führende Weinhandlung in Heidelberg. Alle internationalen Weine. *Hauptstraße 169, Linie 35 Alte Brücke*

Johannes Berner [103 E3]
Ein Laden, der Appetit macht: auf Obst, Marmelade, Walnussöl aus dem Tonkrug, Sugo, Gewürze, Liköre und Brände, alles hübsch verpackt und als Mitbringsel bestens geeignet. Kostproben gibt's gratis. *Hauptstraße 159, Linie 12, 41, 42 Universitätsplatz*

Boulangerie und Patisserie La Flamm [105 E4]
Croissants, die auf der Zunge zergehen und ihresgleichen vielleicht sogar in Frankreich suchen, knackigfrische Baguettes, knusprige Teigteilchen und köstliche Pralinés warten hier nicht lange auf Käufer. Verführung von Augen und Gaumen auf unnachahmliche – eben französische – Art. *Ladenburger Straße 15, Linie 3, 12 Schröderstraße*

L'Epicerie [102 B4]
Ein Erlebnis für Hobbyköche und Gourmets gleichermaßen. Regale voller Gewürze – bekannte und weniger bekannte – sowie die passenden Bücher dazu, Spezialitäten aus dem Süden, Keramik und Kunsthandwerk. *Hauptstraße 35, im Hof, Linie 1, 2, 3 Bismarckplatz*

Fromagerie La Flamm [105 E4]
Hier ist Frankreich zu Hause – für alle, die das Nachbarland und seine kulinarischen Spezialitäten lieben. Von ausgesuchten Käsesorten über den passenden Wein, Patés, Wurst und Senf bis zu Marmelade und sogar Milch aus Frankreich. *Ladenburger Straße 6, Linie 3, 12 Schröderstraße*

Gronki [105 E4]
★ Wer hier keinen Appetit bekommt, dem ist nicht zu helfen. Ein Schlaraffenland mit ausgesuchten Weinen, einheimischen und exotischen Früchten, Raritäten wie Armagnac der Jahrgänge 1888 bis 1989 und sonstigen Freuden für den verwöhnten Gourmet. *Ladenburger Straße 10, www.gronki.com, Linie 3, 12 Schröderstraße*

Janssen Kaffee [102 B4]
Kaffee aus den besten Anbaugebieten der Welt wird hier dreimal in der Woche vor den Augen der Kunden geröstet. Das Familienunternehmen, eines der wenigen erhaltenen in der Stadt, ist seit 1933 in der Hauptstraße zu finden. Außer Kaffee gibt es auch eine große Auswahl an Teesorten und Gebäck nach englischem Vorbild. *Hauptstraße 29, www.janssen-kaffee.de, Linie 1, 2, 3 Bismarckplatz*

Moro [102 A2]
Man trinkt hier seinen Espresso im Stehen und freut sich an der Coffeeshop-Atmosphäre. *Brückenkopfstraße 1–2, Linie 3, 12 Schröderstraße*

Prodotti italiani [105 E4]
Hier lassen sich die italienischen Momente im Leben genießen – ob Käse, Wurst, Pasta, Weine, fertige Vorspeisen oder aromatischer Espresso, alles vom Feinsten für das Auge, den Gaumen und den Magen. *Ladenburger Straße 20, Linie 3, 12 Schröderstraße*

Tea Pavillon [102 B4]
Ganz tief im Hinterhaus befindet sich der Tea Pavillon, der allerdings

MARCO POLO Highlights »Einkaufen«

★ **Gronki**
Ein wahre Entdeckung für Gourmets (Seite 59)

★ **Weinhaus Fehser**
Internationale Weine der besten Provenienzen (Seite 60)

★ **Schmidt & Reuter**
Design vom Feinsten, wohin das verwöhnte Auge schaut – auf mehreren Etagen (Seite 60)

★ **Heidelberger Zuckerladen**
Die süße Adresse für Leckermäuler (Seite 62)

★ **Wochenmärkte**
Noch immer schönstes Einkaufserlebnis in der Altstadt, in Handschuhsheim und Neuenheim (Seite 62)

Im Design-Schlaraffenland bei Schmidt & Reuter in der Hauptstraße

ganz und gar kein solcher ist, sondern mehr eine kleine, stimmungsvolle Höhle zum Stöbern nach ausgefallenen Teesorten und Zubehör für die Teezeremonie, Gewürzen, Kräutern und Geschenken. *Hauptstraße 54, www.tea-pavillon.de, Linie 12, 41, 42 Friedrich-Ebert-Platz*

Wein & Feines **[102 A2]**
Die wenigen Quadratmeter des Ladens erlauben einen ausgedehnten kulinarischen Spaziergang durch Italien. Wie wäre es mit Trüffelcreme und Prosecco »La Bionda«? Die große Vielfalt an Grappa bringt auch erfahrene Sammler zum Schwärmen. *Rahmengasse 12 (Neuenheim), Linie 3, 12 Schröderstraße*

Weinhaus Fehser **[102 B4]**
★ Alteingesessen und deshalb ein echtes Stück Heidelberg ist dieses nach außen eher unscheinbare Weinhaus, das jedoch eine große Auswahl internationaler Weine und Spirituosen in Regal und Keller liegen hat. *Friedrich-Ebert-Anlage 26, www.fehser.de, Linie 12, 41, 42 Friedrich-Ebert-Platz*

DESIGN

Grünvogel **[102 C3]**
Küchenbedarf, den man nicht alle Tage sieht, vom Eierbecher über Servierplatten bis zu Schüsseln, vieles aus schönem Metall. *Ziegelgasse 25, Linie 12, 35, 41, 42 Kongresshaus*

Schmidt & Reuter **[102 C3]**
★ Auf drei Stockwerken und im Gewölbekeller dieses Designpalastes findet man Pfiffiges und Elegantes in Hülle und Fülle. Im Eingangsbereich sind kleinere Objekte und Geschenkartikel ausgestellt. *Hauptstraße 77, Linie 12, 41, 42 Kongresshaus*

KUNSTGALERIEN

Galerie Heller **[102 A5]**
Marianne Heller macht sich in Heidelberg seit langem um die Präsenta-

tion nationaler und internationaler Kunstkeramik verdient. Die Ausstellungen zeigen auch Gebrauchskeramik. *Friedrich-Ebert-Anlage 2, Linie 1, 2, 3 Bismarckplatz*

Galerie Vogel **[102 B4]**
Das größte Kunsthaus in Heidelberg. Keine Ausstellungsgalerie mit Programmanspruch, sondern Handel und kompetente Beratung zu zeitgenössischer Moderne und dekorativer Kunst. *Hauptstraße 25, Linie 1, 2, 3 Bismarckplatz*

Lepanto Atelier-Galerie **[102 B5]**
Der Künstler Wassili Lepanto, gebürtiger Grieche – gleichwohl echter Heidelberger –, präsentiert eine große Auswahl an Landschaftsgemälden, Heidelberg-Ansichten und Kunstdrucken. *Friedrich-Ebert-Anlage 11, Linie 1, 3 Adenauerplatz*

KUNSTGEWERBE

Das Depot **[102 C3]**
Jeder, der ein Auge für schöne Dekorationen hat, verweilt hier gern, denn Anregungen und ausgefallene Accessoires für die Wohnung gibt es hier in Hülle und Fülle. *Hauptstraße 79, www.dasdepot.com, Linie 12, 41, 42 Universitätsplatz*

Papier und Form **[102 A4]**
Schönes Schmuckpapier, edle Schreibgeräte und garantiert das richtige Geburtstagsgeschenk. *St.-Anna-Gasse 3, Linie 1, 2, 3 Bismarckplatz*

Swarovski **[102 C3]**
Hier ist alles Kristall, was glänzt: in Form ausgefallener Schmuckstücke oder kleiner Dekorationen, die sofort den Stil von Swarovski verraten. *Hauptstraße 85, www.swarovski.com, Linie 12, 41, 42 Universitätsplatz*

Käthe Wohlfahrt **[103 D3]**
Das ganze Jahr über ist hier Weihnachten: Außer geschmückten Tannenbäumen gibt es hier Schwarzwälder Kuckucksuhren, Puppen, Holzspielsachen und Kunstgewerbeartikel. *Hauptstraße 124, Linie 12, 41, 42 Universitätsplatz*

Fashion for sale

Vor den Toren der Stadt: Fabrikverkauf von Betty Barclay

In gut 20 Autominuten zu erreichen ist Nußloch, ein kleiner Ort in nächster Nachbarschaft zum tennisberühmten Leimen. Aber das ist es nicht, was an manchen Tagen und besonders zum Wochenende (also möglichst vermeiden!) ganze Autoschlangen dort hinfahren lässt. Betty Barclay hat in Nußloch ihren Firmensitz und den Fabrikverkauf. Hier gibt's aktuelle Damenmode und Accessoires zu Superpreisen, und manche modebewusste Frau schleppt Fashion tütenweise nach Hause. *Mo–Fr 11–18, Sa 10 bis 18 Uhr, Max-Berk-Straße, www.bettybarclay.de, Nußloch*

Echte Naschkatzen sehen hier nur das Wort »Zuckerladen«

KURIOSES

Insider Tipp **Antik Toys** [103 E3]
Buntes Blechspielzeug und alte Reklameschilder vor allem aus den 1950er-Jahren. *Mittelbadgasse 4, Linie 11, 33 Rathaus/Bergbahn*

Bären-Treff [103 D3]
Es lebe das Gummibärchen! In allen Geschmacksrichtungen, Formen und Farben. Die Süßigkeiten werden auch bundesweit versandt. *Heugasse 1, www.baeren-treff.de, Linie 12, 41, 42 Universitätsplatz*

Heidelberger Zuckerladen [102 C4]
★ Ein herrlicher Laden für alle Naschkatzen und -kater. In Omas alten Gläsern gibt es hier vom bunten Lolli über Nougat und Marzipan vom Block bis zum kunstvollen süßen Blumenstrauß einfach alles. *Plöck 52, www.zuckerladen.de, Linie 12, 41, 42 Peterskirche*

MÄRKTE

★ Vor historischer Kulisse kauft man auf diesen Heidelberger Wochenmärkten ein, umgeben von einer einzigartigen Atmosphäre.

Marktplatz in der Altstadt [103 E3]
Zwischen Rathaus und Heiliggeistkirche. *Mi und Sa 7–14 Uhr, Linie 11, 33 Rathaus/Bergbahn*

Marktplatz Neuenheim [105 E4]
An der Ladenburger Straße in Neuenheim. *Mi und Sa 7–13 Uhr, Linie 3, 12 Schröderstraße*

Markt in Handschuhsheim [105 D2]
Auf dem Platz vor der Tiefburg im idyllischen Handschuhsheim. *Sa 7–13 Uhr, Linie 3, 4 OEG-Bahnhof*

MODE

Adolf [102 A4]
Das kleine Geschäft birgt viele schöne Überraschungen: ausgefallene Schuhe, Gürtel, Taschen, Hüte und sonstige Accessoires, aber auch Bekleidung. *Sofienstraße 7b, Linie 1, 2, 3 Bismarckplatz*

Australian Shop [102 B3]
Einer Kurzreise auf den fünften Kontinent gleicht ein Besuch in diesem Geschäft. Fast alles, was hier angeboten wird, ist down under hergestellt und von dort importiert.

Ziegelgasse 21, www.ur-laut.de, Linie 12, 35, 41, 42 Kongresshaus

Darmstädter-Hof-Centrum (DHC) [102 A4]
In der großen Einkaufspassage am Anfang der Hauptstraße, mit Mode- und Schuhgeschäften. *Bismarckplatz, Linie 1, 2, 3 Bismarckplatz*

Insider Tipp **Factory Store** [113 E2]
Hersteller und Lizenznehmer von Joop Woman's Wear ist die im Stadtteil Wieblingen ansässige Firma Trend Trading, die auch die eigene Marke Art to be vertreibt. Der Joop Factory Store bietet in angenehmer Atmosphäre Joop-Damenoberbekleidung mit Beratung und Änderungservice zu attraktiven Outlet-Preisen. *Mo–Fr 13–19 Uhr, Sa 10–16 Uhr, Maaszstr. 24/1, www.joop.com, www.art-to-be.de, OEG Bahnhof Wieblingen*

Globetrotter [102 C4]
Alles, was mit ins Gepäck von Globetrottern gehört, findet man in diesem Geschäft in der Plöck. Auf geht's, was kostet die Welt? *Plöck 73, www.globetrotter.de, Linie 12, 41, 42 Friedrich-Ebert-Platz*

Luna [102 B4]
Eine neue Adresse für modische Damenbekleidung. Bei einem Espresso lässt es sich hier in angenehmer Atmosphäre gut aussuchen und anprobieren. In den Verkaufsräumen finden wechselnde Ausstellungen (Wohnaccessoires, Dekoration) statt. *Hauptstraße 17–19, Linie 1, 2, 3 Bismarckplatz*

Schnäppchen [102 B4]
Der Preis ist heiß in diesem Geschäft gleich am Anfang der Plöck, wo es topaktuelle Mode und Accessoires für wenig Geld gibt. Außerdem finden Sie hier eine kleine, aber feine Auswahl an Wohnzubehör. *Plöck 25, Linie 1, 2, 3 Bismarckplatz*

SOUVENIRS

Café Gundel [103 E3]
Hier beim Marktplatz werden seit Jahr und Tag mit Anis die »Barock-Springerle« gebacken. Zum Essen oder Anmalen – über die Heidelberg-Motive als Gebäck hat sich schon mancher gefreut. *Hauptstraße 212, Linie 11, 33 Rathaus/Bergbahn*

Foto Gärtner [103 E3]
Postkarten mit Heidelberg-Motiven aus vergangenen Zeiten findet man keineswegs überall. Doch hier sind sie als Repliken zu haben. *Hauptstraße 176, Linie 11, 33 Rathaus/Bergbahn*

Leanders Leseladen [102 B4] Insider Tipp
Dieser Buchladen für junge Leseratten ist eine Fundgrube für Mitbringsel. Die Besitzerin des außergewöhnlichen Leseladens gilt als eine der großen Kinderbuchexpertinnen Deutschlands und gibt einen eigenen, selbst kommentierten Katalog zu Neuerscheinungen heraus. *Plöck 28, www.leandersleseladen.de, Linie 1, 2, 3 Bismarckplatz*

Tenner-Bibliographicum [103 E3]
Die beste Adresse zum Kauf historischer Holz-, Stahl- und Kupferstiche. Es gibt außerdem auch eine stattliche Sammlung von Heidelberg-Ansichten aus verschiedenen Epochen. Nur Originale. *Hauptstraße 194, www.bibliographicum.de, Linie 11, 33 Rathaus/Bergbahn*

HOTEL
Hackteufel

Gute Nacht!

Nobelhotels, Traditionshäuser oder kleine Pensionen – Heidelberg hält für jeden ein sanftes Ruhekissen bereit

Wer früher – genauer gesagt bis weit ins 19. Jh. – sich von Norden der Stadt näherte, musste über die Alte Brücke den Neckar überqueren und Einlass am Stadttor begehren. Aus diesem Grund siedelten sich hier die ersten Gasthäuser an. Das traditionsreichste ist der Goldene Hecht, der bis 1836 im Haus des heutigen Holländer Hofs seine Adresse hatte und sich jetzt an der Ecke zur Steingasse befindet. So wie der Goldene Hecht bieten einige andere traditionelle Häuser zwar wenige, aber dafür umso schönere und gepflegte Zimmer.

Der Bau des ersten Bahnhofs der Stadt am Adenauerplatz, also ein ganzes Stück entfernt vom damaligen Nordzugang Heidelbergs, brachte auch hier einige Neuerungen, zu denen heute noch einige exklusive Hotels wie der Europäische Hof oder das Hotel Schrieder gehören. Am gleichen Platz wie das Schrieder steht heute das Crowne Plaza. Einige Hotels des mittleren Segments sind in historischen Bauwerken in der Altstadt untergebracht, wo es manchmal schwierig ist, die Häuser so zu renovieren, dass sie den Ansprüchen ihrer Gäs-

Aushängeschild eines familiär geführten Hauses in der Altstadt

Vor dem Hotel Goldener Hecht

te an Raumgröße und vor allem ungestörte Nachtruhe nachkommen. Hier müssen die Gäste abwägen, was ihnen mehr wert ist: die Nähe zur Altstadt, in der es keines Autos und nur weniger Schritte bedarf, um auszugehen, oder die absolute Ruhe für den Schlaf.

Wer große Hotels nach amerikanischem Vorbild bevorzugt, ist im Marriott am Ufer des Neckars gut untergebracht. Auch das NH Hotel oder das Rega, beide in der Bergheimer Straße – also ziemlich in der Stadtmitte –, sind gute Adressen für gepflegte Gastlichkeit. In eine ganz andere Kategorie gehören beispielsweise die Hirschgasse oder das Romantikhotel Zum Ritter St. Georg. Gäste, die hier absteigen, buchen schon an der Rezeption ein gutes Stück Alt-Heidelberg. Die Hirschgasse liegt auf einer leichten Anhöhe des Flussufers direkt gegenüber dem Schloss.

Edle Herberge in der Altstadt: das Romantikhotel Zum Ritter St. Georg

Im Romantikhotel Zum Ritter St. Georg, der einstigen »Herberge für begüterte Durchreisende«, kann der Gast sein müdes Haupt in traditionsreichen Räumen betten, und dies mitten im Herzen der Altstadt. Das Haus gehört zu den wichtigsten und meistfotografierten Sehenswürdigkeiten der Stadt.

Etwas versteckter gelegen und dafür mit dem Charme des Verwunschenen ausgestattet sind das Parkhotel Atlantic, das Goldene Lamm in Handschuhsheim und der Alte Kohlhof als idyllisch gelegenes Waldhotel. Fehlen den Innenstadthotels eigene Parkplätze, dann haben sie entweder Plätze in nahen Parkhäusern reserviert oder sind bei einer Reservierung behilflich.

Schnell und bequem ist die Möglichkeit der Online-Buchung von Heidelberger Hotels und Pauschalarrangements sowie Gästeführungen in 16 Sprachen und mit 28 thematischen Schwerpunkten. *Beratung Tel. 14 22 24, 14 22 26, 14 22 28, www.cvb-heidelberg.de*

Zimmerreservierung ist für den Zeitraum Ende Juli/Anfang August notwendig, wenn der Große Preis von Hockenheim ausgetragen wird. Hotelzimmer sind dann in der gesamten Region rar.

HOTELS €€€

Crowne Plaza **[102 A5]**
Im renovierten ehemaligen Traditionshotel Schrieder, sehr nahe der Altstadt gelegen. Der Wellnessbereich des Hauses erhielt ein ansprechendes toskanisches Ambiente. Vom Hotel verkehrt täglich etwa im Stundenrhythmus ein Lufthansa-Airport-Bus nach Frankfurt am Main mit Eincheckmöglichkeit am Reservierungsschalter. *232 Zi., Kurfürstenanlage 1, Tel. 91 70, Fax 210 07, www.crowneplaza-heidelberg.de, Linie 1, 3 Bismarckplatz oder Adenauerplatz*

Heidelberg Marriott Hotel **[104 C5]**
In dem geschmackvollen Neubau steigt nicht nur Joe Cocker gern ab. Eine großzügig angelegte Restaurantterrasse zum Neckar heißt auch Spaziergänger mit Lust auf Eisbombe oder Kaffee herzlich willkommen. Der große Innenpool mit Sauna und Fitnessbereich sowie Blick auf den Fluss ist ein echtes Hotelvergnügen. *248 Zi., Vangerowstraße 16, Tel. 90 80, Fax 90 86 98, www.marriott hotels.com/hdbmc, Linie 2, 35 Betriebshof*

NH Hotel Heidelberg **[105 D6]**
Wo früher das Heidelberger Schlossquell-Bier gebraut wurde, steht heute dieses Hotel. Das unter Denkmalschutz stehende alte Gebäude wurde behutsam renoviert und architektonisch interessant mit dem neuen Haus durch eine Glaskuppel verbunden. Restaurant mit Wintergarten, Braustübl und Biergarten mit alten Kastanien, kleine Cafébar, Fitness- und Wellnessbereich. *174 Zi. (davon 9 Suiten und 5 Zweizimmerapartments), Bergheimer Straße 91, Tel. 132 70, Fax 132 71 00, www.nh-hotels.com, Linie 2, 11, 33, 35 Römerstraße*

Romantik Hotel Zum Ritter St. Georg **[103 E3]**
★ Im ältesten und schönsten historischen Bürgerhaus der Stadt erwartet die Gäste hinter der prachtvollen Renaissancefassade der Charme der Nostalgie, der sich mit der behutsamen Renovierung der Räume erst richtig entfalten konnte. Das Hotel bietet sowohl romantische Zimmer im alten als auch moderne Zimmer im neuen Teil des Hauses. Wenn Sie ein Dreibettzimmer buchen möchten, fragen Sie nach Zimmer Nummer 304 – der Panoramablick über die Stadt ist grandios. Hervorragende Küche. *40 Zi., Hauptstraße 178, Tel. 13 50, Fax 13 52 30, www.ritter-heidelberg.de, Linie 11, 33 Rathaus/Bergbahn*

Insider Tipp

MARCO POLO Highlights »Übernachten«

★ **Romantik Hotel Zum Ritter St. Georg**
Gehört zu Heidelberg wie die Alte Brücke und die Universität (Seite 67)

★ **Sepp'l**
Nostalgisch schlafen in Biedermeiers Armen (Seite 68)

★ **Goldener Hecht**
Stilvoll und edel, der Neckar und die Alte Brücke sind zum Greifen nah (Seite 69)

★ **Alter Kohlhof**
Eine Freude für alle, die beim Aufwachen gern fröhliches Vogelgezwitscher hören (Seite 71)

★ **Gasthof Lamm**
Romantisch wohnen in einem schönen, alten Fachwerkhaus in Handschuhsheim (Seite 71)

Heidelberger Luxushotels

Der Europäische Hof [102 A5]
Die Liste prominenter Gäste reicht von Friedrich Ebert über Winston Churchill bis zur aus Heidelberg stammenden Königin Sylvia von Schweden. Trotz der imposanten Größe und der Lage im Zentrum hat sich der Europäische Hof vornehme Intimität und Charme bewahrt. Das Haus hat einen ruhigen Innengarten, ein hervorragendes Restaurant sowie einen neuen Fitness-, Wellness- und Schwimmbadbereich. *118 Zi. und Apartments, 149–536 Euro. Friedrich-Ebert-Anlage 1, Tel. 51 50, Fax 51 55 06, www.europaeischerhof.com, Linie 1, 3 Adenauerplatz*

Hotel Hirschgasse [103 F1]
Wo Mark Twain einst über studentische Haudegen staunte, die sich auf dem Fechtboden der Hirschgasse ihre Schmisse beibrachten, heißt heute ein Hotel der Luxusklasse seine Gäste willkommen. Eine alteingesessene Hoteliersfamilie pflegt in dem über 500 Jahre alten, behutsam restaurierten Gebäude traditionsreiche Gastfreundschaft. Die Suiten sind im Laura-Ashley-Stil gestaltet und verfügen z. T. über eigene Salons. *20 Suiten, 230–335 Euro. Hirschgasse 3, Tel. 45 40, Fax 45 41 11, www.hirschgasse.de, Linie 34 Hirschgasse*

Sepp'l [103 F3]
★ Die Zimmertüren des Sepp'l sind gewissermaßen die Schwelle zum Zeitalter des Biedermeier. Das historische Studentenlokal bietet nach ebenso behutsamer wie aufwändiger Renovierung des gesamten Hauses helle und freundliche Gästezimmer, die von einer stilvollen Einrichtung geprägt sind. Großzügige Bäder nach neuestem Standard. Hier können Gäste die Nostalgie von einst mit dem Komfort von heute aufs Angenehmste verbinden. *8 Zi., 1 Suite, Hauptstraße 213, Tel. 143 30, Fax 14 33 66, www.zum-seppl.de, Linie 11, 33, 35 Neckarmünzplatz*

HOTELS €€

Backmulde [102 C3]
Mitten in der Altstadt befindet sich dieses gemütliche Haus mit seinem guten Restaurant. Besonders geeignet für Nachtschwärmer, die nach einem Kneipenbummel noch einen Schlaftrunk oder eine kleine Stärkung zu sich nehmen möchten, bevor sie ohne Umweg zufrieden ins Bett fallen. *12 Zi., Schiffgasse 11, Tel. 536 60, Fax 53 66 60, www.gasthaus-backmulde-hotel.de, Linie 12, 41, 42 Universitätsplatz*

Best Western Alt Heidelberg [102 A6]
Das Haus gehört zur Kette Best Western und hat die individuelle Note eines Patrizierhauses mit eleganten Zimmern bewahrt. Das Hotelrestaurant Graimberg wird auch gern von Heidelberger Feinschmeckern besucht. *78 Zi., Rohrbacher Straße 29, Tel. 91 50, Fax 16 42 72, www.altheidelberg.bestwestern.de, Linie 21, 29 Hans-Böckler-Straße oder Kaiserstraße*

Best Western Rega Hotel [105 D6]
Nach Besitzerwechsel und aufwändiger Renovierung sämtlicher Hotelbereiche inklusive der gemütlichen »Badisch Stub« eine feine Adresse in Bergheim. Mit eigenem Parkhaus. *124 Zi., Bergheimer Straße 63, Tel. 50 80, Fax 50 85 00, www.rega.bestwestern.de, Linie 2, 11, 21, 33, 35 Römerstraße*

Goldene Rose [102 A4]
Ein ruhiges Haus am Anfang der Hauptstraße. Sehr gemütlich und hell. *32 Zi., St.-Anna-Gasse 7, Tel. 90 54 90, Fax 18 20 40, hotelgoldenerose@compuserve.com, Linie 1, 2, 3 Bismarckplatz*

Insider Tipp **Goldener Falke** [103 E3]
1711 erbaut und Mitte der 1990er-Jahre von Grund auf renoviert und modernisiert, präsentiert sich das Haus als gute Adresse mitten in der Altstadt mit all ihren Sehenswürdigkeiten um die Ecke und mit Blick auf den Marktplatz. Es verfügt über geräumige, helle Zimmer und Bäder nach neuestem Standard. *22 Zi., Hauptstraße 204, Tel. 143 30, Fax 14 33 66, www.goldener-falke-heidelberg.de, Linie 11, 33, 35 Neckarmünzplatz*

Goldener Hecht [103 E3]
★ Fragen Sie unbedingt nach einem Zimmer mit Blick auf den Neckar und die Alte Brücke. Alle Zimmer tragen den Namen eines berühmten Hecht-Besuchers: Jean Paul, Goethe, Eichendorff, Victor Hugo und weiterer neun Dichterfürsten. Mit einem Reim auf den Lippen schlafen Sie ein. Kein eigener Parkplatz vorhanden. *13 Zi., Steingasse 2, Tel. 16 60 25, Fax 53 68 99, www.hotel-goldenerhecht.de, Linie 35 Alte Brücke*

Hackteufel [103 E3]
Hier herrscht die persönliche Note eines Familienbetriebes. Wer gern in der Altstadt wohnt und dabei die Gemütlichkeit unterm Dach schätzt, ist absolut kein armer Poet, sondern ein beneidenswerter Genießer. Kein eigener Parkplatz. *20 Zi., Steingasse 7, Tel. 90 53 80, Fax 905 38 11, www.hackteufel.de, Linie 35 Alte Brücke*

Holländer Hof [103 E3]
An der Alten Brücke im Zentrum der Altstadt gelegen. Viele der Zimmer haben eine schöne Aussicht. Das Haus bietet gutbürgerlichen Komfort zu durchaus angemessenen Preisen. Es sind auch Nichtraucherzimmer vorhanden. *39 Zi., Neckarstaden 66, Tel. 605 00, Fax 60 50 60, www.hollaender-hof.de, Linie 35 Alte Brücke*

Hotel Am Kornmarkt [103 E3] Insider Tipp
In guter Lage zu Füßen des Heidelberger Schlosses hat dieses erst vor wenigen Jahren renovierte Hotel sehr hübsche und einladende Zimmer, zum Teil mit Balkon und schöner Aussicht auf die Altstadt. *14 Zi., Kornmarkt 7, Tel. 243 25, 90 58 30, Fax 282 18, hotelamkornmarkt@web.de, Linie 11, 33, 35 Neckarmünzplatz*

Hotel Am Rathaus [103 E3]
Angenehm ruhige und behaglich eingerichtete Zimmer mitten in der Altstadt. Wer die oberen Etagen zu Fuß erklommen hat, darf sich über Komfort und eine schöne Aussicht freuen. *20 Zi., Heiliggeiststraße 1, Tel. 147 30 Fax 14 73 37, www.*

Das Hotel Nassauer Hof ist freundlich und komfortabel

hotels-in-heidelberg.de, Linie 35 Alte Brücke oder Linie 11, 33 Rathaus

Kulturbrauerei **[103 F3]**
Kunst, Kultur, Kneipe – und dann in eines der Betten der schön gestalteten 21 Zimmer fallen. Es sind keine eigenen Parkplätze vorhanden. *Leyergasse 6, Tel. 50 29 80, Fax 502 98 79, www.heidelberger-kulturbrauerei.de, Linie 11, 33, 35 Neckarmünzplatz*

Molkenkur **[103 F5]**
Wer den Weg nicht scheut, wird an der ehemaligen Oberen Burg mit einem phantastischen Ausblick von der großen Terrasse belohnt. Im Stil eines Schweizerhauses 1846 gebaut, eignet sich das Hotel als Ausgangspunkt für lange Waldspaziergänge. Vorher oder nachher laden das Café oder der Biergarten zum Verweilen ein. *20 Zi., Klingenteichstraße 31, Tel. 65 40 80, Fax 654 08 88, www.molkenkur.de, Bergbahn Station Molkenkur*

Monpti **[102 C4]** Insi Tip
Ein außergewöhnliches Hotel. Das Monpti wurde kürzlich vollständig renoviert – der spanische Maler und Designer Manuel Guasch war dabei federführend und hat der Ausstattung der Zimmer seinen Stempel aufgedrückt. In Asien maßgeschreinerte Möbel und Gestaltungselemente geben den Ton an. In jeder Ecke finden sich künstlerische Details, was dem Haus einen sehr persönlichen Charakter verleiht. *14 Zi., Friedrich-Ebert-Anlage 57, Tel. 60 45 60, Fax 60 45 70, www.hotel-monpti.de, Linie 11, 12, 33, 41, 42 Peterskirche*

Nassauer Hof **[102 A4]**
Das Hotel nahe dem Bismarckplatz zeigt sich großzügig und komfortabel in den Zimmern, aus denen andere Hotelbetriebe wahrscheinlich je zwei machen würden. Der Service des Hauses ist ausgesprochen hilfsbereit und freundlich. *23 Zi., Plöck 1, Tel. 90 57 00, Fax 905 70 44, www.hotel-nassauer-hof.de, Linie 1, 2, 3 Bismarckplatz*

Parkhotel Atlantic **[107 E4]**
Ein Höhepunkt des schönen Wohnens in Heidelberg, in der Nachbarschaft des Schlosses. Das Frühstück im Wintergarten, Zeitungslektüre oder Neckarblick im wildromantischen Park mit Vogelgezwitscher, am Tag eine Stadtbesichtigung und abends in der Lounge einen »Absa-

cker« – so wird Heidelberg märchenhaft. *20 Zi., 4 Suiten mit Kochnischen, Schloss-Wolfsbrunnen-Weg 23, Tel. 604 20, Fax 60 42 60, www.parkhotel-atlantic.de, Bergbahn Station Schloss*

Vier Jahreszeiten **[103 E3]**
Schöne Lage am Neckar und der Alten Brücke. Nicht nur dann zu empfehlen, wenn es Ihnen so wie Goethe geht und im Goldenen Hecht kein Platz mehr ist. *21 Zi., Haspelgasse 2, Tel. 241 64, Fax 16 31 10, www.4-jahreszeiten.de, Linie 35 Alte Brücke*

Weißer Bock **[103 D3]**
Mit viel Liebe zum Detail renoviert. Im selben Haus befindet sich ein nettes Restaurant. *23 Zi., Große Mantelgasse 24, Tel. 900 00, Fax 90 00 99, www.weisserbock.de, Linie 12, 41, 42 Universitätsplatz*

HOTELS €

Alter Kohlhof **[111 E4]**
★ Ein romantisch auf dem Berg gelegenes Waldhaus mit Restaurant und Biergarten. Besonders Reisende mit Kindern werden sich hier im Grünen bestens aufgehoben fühlen. Der Landgasthof eröffnete 1998 nach mehrjähriger Renovierung wieder und hat schnell den Zuspruch seiner Gäste gefunden. *10 Zi., Kohlhof 5, Tel. 13 83 10, Fax 138 31 40, www.alterkohlhof.de, Linie 21 Alter Kohlhof*

Gasthof Lamm **[105 D2]**
★ Romantik in Reinkultur! In der ruhigen und baumbestandenen Pfarrgasse in Handschuhsheim wartet ein schönes altes Fachwerkhaus mit Restaurant, Weinstube, verträumtem Innenhof und komfortablen Zimmern. Allerdings ist kein eigener Parkplatz vorhanden. *11 Zi., Pfarrgasse 3, Tel. 479 30, Fax 47 93 33, Linie 3 Kapellenweg*

Hotel-Pension Berger **[105 E3]**
Die Gäste werden in der persönlichen Atmosphäre einer alten Villa empfangen, die sieben renovierte und zum Teil sehr geräumige Zimmer auf der Beletage bietet. Zusätzlich sorgen ein Garten und ein Swimmingpool für Urlaubsstimmung mitten in Neuenheim. *Erwin-Rohde-Straße 8, Tel. 40 16 08, Fax 47 15 06, www.hotelberger.de, Linie 3 Kussmaulstraße, Linie 12 Mönchhofschule*

Kohler **[109 E1]**
Ein schön herausgeputztes Patrizierhaus in der Weststadt. Von hier aus

Die Marco Polo Bitte

Marco Polo war der erste Weltreisende. Er reiste in friedlicher Absicht, verband Ost und West. Er wollte die Welt entdecken, fremde Kulturen kennen lernen, nicht zerstören. Könnte er heute für uns Reisende nicht Vorbild sein? Aufgeschlossen und friedlich sollte unsere Haltung auf Reisen sein. Dazu gehören auch Respekt vor Mensch und Tier und die Bewahrung der Umwelt.

ist die Altstadt zu Fuß bequem zu erreichen. *41 Zi., Goethestraße 2, Tel. 97 00 97, Fax 97 00 96, www.hotel-kohler.de, Linie 1, 3, 5R, 34, 41, 42 Poststraße*

Kranich **[113 E4]**
Etwas außerhalb im Stadtteil Pfaffengrund. Die einzige Heidelberger Arbeitersiedlung ist sehr viel attraktiver und vor allem wohnlicher, als es der Stadtplan oder auch mancher Stadtführer verraten. Das Haus ist ruhig gelegen und zeigt sich als preiswerte Alternative zu den entsprechenden Hotels in der Innenstadt. Die Zimmer sind klein, aber komfortabel. *27 Zi., Kranichweg 37a, Tel. 75 63 13, Fax 75 63 14, www.hotel-kranich-heidelberg.de, Linie 2 Kranichweg*

Krokodil **[109 D1]**
In klarer Linie eingerichtete, große Zimmer mit Bädern, in denen man sich sogar herumdrehen kann. Ein freundlich-heller Frühstücksraum und die ruhige Umgebung der beschaulichen Weststadt haben das kleine Hotel schnell bekannt und begehrt gemacht. Zum Hauptbahnhof sind es zehn Gehminuten. Keine eigenen Parkplätze. *16 Zi., Kleinschmidtstraße 12, Tel. 240 59, Fax 60 22 21, www.krokodil-hd.de, Linie 3, 4 Römerkreis*

Pension Elite **[105 E6]**
Diese Pension ist eine freundliche und gediegene Alternative zum Hotel Kohler. In ruhiger Weststadtlage, per pedes ist man weniger als eine Viertelstunde bis zur Altstadt unterwegs. *12 Zi., Bunsenstraße 15, Tel. 257 34, Fax 16 39 49, www.hotel-elite-heidelberg.de, Linie 21, 29 Hans-Böckler-Straße*

Zum Pfalzgrafen **[103 E4]** Insider Tip
Etwas unscheinbar von außen präsentiert sich das vor wenigen Jahren renovierte Altstadthotel mit seinen freundlichen, geräumigen und hellen Zimmern sehr einladend. Durch seine Lage ist es ein hervorragender Ausgangspunkt, um die Stadt zu Fuß zu erkunden. *25 Zi., Kettengasse 21, Tel. 204 89, Fax 53 61 41, Linie 11, 33 Rathaus/Bergbahn*

GÄSTEZIMMER

Gästezimmer Zentrale **[109 E2]**
Über 120 Einzel- und Doppelzimmer, Einzimmerapartments und Wohnungen hat die Gästezimmer Zentrale in ihrem Angebot, deren Vermittlung kostenlos ist. Die privaten Unterkünfte werden regelmäßig überprüft und bieten auch Frühstück an (ab 1,50 Euro). Einzelzimmer ab 26 Euro, Doppelzimmer ab 40 Euro, Einzimmerapartments ab 35 Euro pro Person, 50 Euro für zwei Personen, Dreibettzimmer ab 60 Euro. Ab 10 km außerhalb der City sind die Preise niedriger. *Häusserstraße 44, Tel./Fax 16 03 63, info@gaestezimmer-zentrale.de, Linie 21, 29 Kaiserstraße*

JUGENDHERBERGE

Jugendherberge Tiergartenstraße **[104 A4]**
Die große Jugendherberge hat Platz für 450 Personen. Keine Altersbeschränkung. *Ganzjährig tgl. 13 bis 23.30 Uhr geöffnet (außer 24. bis 26. Dez.), Tiergartenstraße 5, Tel. 65 11 90, Fax 651 19 28, www.djh.de, www.jugendherberge-heidelberg.de, Linie 12 Studentenwohnheim oder Linie 33 Jugendherberge*

Drei viertel zehn

Eine ganz einfache Sache – aber nur für Eingeweihte

Es gibt Leute, die schon jahrzehntelang in der Stadt leben und es immer noch nicht wissen. Die anderen, sozusagen gewachsene Heidelberger, also echte »Sume«, begegnen diesem Phänomen des Unverständnisses mit müdem Kopfschütteln. Was ist drei viertel zehn? Für den Heidelberger eine klare Sache, sobald er die Uhr lesen kann: eine viertel Stunde vor zehn. Für Unwissende eröffnet sich mit »drei viertel zehn« eine ganze Palette von verwirrenden Möglichkeiten der Zeitangabe. Versuchen Sie am besten erst gar nicht, dahinter zu kommen. Das Einweihen in die Thematik ist eine mühsame Prozedur und nur selten von Erfolg gekrönt. Ganz schwierig wird es, wenn von fünf Minuten vor viertel acht die Rede ist. Wenn sich also jemand mit Ihnen um Viertel vor elf verabreden will, können Sie sicher sein, dass er kein echter Heidelberger ist.

HOTELS IN DER UMGEBUNG

Im Umkreis von 10 km erweitert sich die Auswahl an Hotels um einiges. Und man kann die Ruhe auf dem Land in vollen Zügen genießen. Mit öffentlichen Nahverkehrsmitteln oder dem Auto ist Heidelberg von den angegebenen Adressen aus in maximal 20 Minuten zu erreichen.

Hotel Hirschberg **[113 E1]**
Die Fahrt entlang der Bergstraße ist mehr Vergnügen als Weg. Das Hotel liegt an der Bundesstraße und hat gemütliche, große Zimmer. Doppelzimmer ab 70 Euro. *33 Zi., Goethestraße 2, Hirschberg-Leutershausen, Tel. 06201/596 70, Fax 581 37, www.hotel-hirschberg.de,* €

Insider Tipp **Landhaus Grenzhof Gutsschänke** **[113 E2]**
Eine Empfehlung für alle, die – besonders mit Kindern – am Abend aus der Stadt raus wollen, um auf einem malerischen Hof tief durchzuatmen und noch einen Spaziergang auf freiem Feld zu unternehmen. Doppelzimmer ab 120 Euro. *28 Zi., Heidelberg Grenzhof (nahe Stadtteil Wieblingen), Tel. 06202/94 30, Fax 94 31 00, www.landhaus-grenzhof.com,* €€

Ringhotel Adler Post **[113 D3]**
In unmittelbarer Nachbarschaft zum Schwetzinger Schloss gelegen und nur ein paar Schritte vom Eingang des Schlossparks entfernt, bietet das Adler Post als alteingesessenes Hotel ein gepflegtes Ambiente sowohl im stilvollen Restaurant als auch in den sehr geräumigen Gästezimmern. Im Sommer lädt die Terrasse zu einer Pause ein. Mit Sauna. Doppelzimmer ab 105 Euro. *25 Zi., 3 Juniorsuiten, Schlossstraße 3, Schwetzingen, Tel. 06202/277 70, Fax 27 77 77, www.adler-post.de,* €€

Hamlet

Theater, Kneipen und ein Hauch von alten Zeiten

Das Abendvergnügen spielt sich zumeist in der Altstadt ab

Im Sommer gleicht die gesamte Altstadt einer Freiluftbühne mit Terrassencharakter, der mediterrane Urlaubsstimmung aufkommen lässt. Die Heidelberger bringen es fertig, selbst im Januar, wenn die Sonne scheint, dick eingemummelt draußen zu sitzen, Zeitung zu lesen und Cappuccino zu trinken. Auch Sommerabende genießt man an allen Ecken der Stadt, auch die kleinste Taverne hat mindestens vier Stühle draußen stehen.

Und wenn die Nacht hereinbricht, klappt man nicht etwa die Gehsteige hoch. Dann geht es – in der Altstadt ebenso wie in den Außenbezirken, wo sich in den letzten Jahren einige größere Diskotheken und Nachtlokale etabliert haben – erst so richtig los. Allem voran ist hier wohl der Karlstorbahnhof zu erwähnen, der 1995 zum Kulturzentrum umgebaut wurde und mit mehreren Bühnen aufwartet. Der Schwimmbad Musik Club und die Nachtschicht bieten Livemusik und Diskosound zum Abtanzen. Beim Thema Musik darf der Jazzkeller Cave 54 nicht vergessen werden, der in unregelmäßigen Abständen zu *bread & blues* einlädt.

Das Theater der Stadt Heidelberg bietet ein vielfältiges Programm

Barcelona-Design in der Pepper Bar

Geradezu üppig vertreten sind urige Kneipen und kleine Bistros, besonders viele um die Alte Brücke und die Untere Straße und im Stadtteil Handschuhsheim.

Wer Theater und Konzerte liebt, hat keine große Qual, denn die Auswahl ist begrenzt – weshalb es sich auch empfiehlt, frühzeitig Karten zu reservieren.

BARS & NACHTLOKALE

Max Bar **[103 E3]**
Im Stil eines alten französischen Bistros, Treffpunkt von »tout Heidel-

Das Cave 54, die Adresse für Jazz, Blues und Rock in Heidelberg

berg«. Malerisch, mit kleiner, beinahe original französischer Karte. *Marktplatz 5, Linie 11, 33 Rathaus/Bergbahn*

Pepper Bar **[103 D3]**
Barcelona-Design in Heidelberg. Großen Bargestaltern nachgemacht und deshalb nicht unbedingt einmalig, aber trotzdem gut. *Heugasse 1, Linie 12, 41, 42 Universitätsplatz*

Der Turm **[105 D6]**
Wer vor oder auch nach dem Essen einen Drink nehmen möchte, als Einstimmung oder zum Abschluss eines schönen Abends oder Tages, bekommt im Turm einen Panoramablick über Heidelberg dazu serviert. Bei einem Day Dreamer, Honeymoon oder Mexican Sunset im siebten und achten Obergeschoss des Turms im Quartier Alte Glockengießerei kann man hier fast abheben. *Alte Glockengießerei 9, Linie 2, 11, 21, 33, 35 Römerstraße*

DISKOTHEKEN

Nachtschicht **[104 C6]** Ins Tip
In der Musikfabrik wird große Vielfalt produziert: Je nach Gusto kann man wählen zwischen 1970er- und 1980er-Classics am Mittwoch, Strictly black music am Donnerstag, 1990er-Classics am Freitag und Querbeet am Samstag. Wer zwischendurch Hunger bekommt, geht ins integrierte Bistro, das bis spät in die Nacht geöffnet hat. *Bergheimer Straße 147 (Landfriedhaus), Infoline 438 55 20, www.nachtschicht.com, Linie 2 Betriebshof*

Tangente **[103 E4]**
Wer am Türsteher vorbeikommt, hat meist eine lange Nacht vor sich. Auf der kleinen Tanzfläche wird es oft enger als eng. Ruhige Sitzecken machen auch verbales Kommunizieren möglich. *Kettengasse 23, Linie 12, 41, 42 Universitätsplatz*

JAZZ LIVE

Cave 54 **[103 E3]**
★ Viele Größen des internationalen Jazz waren bereits im ältesten und schon lange legendären Studenten-Jazzkeller in der Altstadt: Louis Armstrong, Ella Fitzgerald, Don Ellis oder Dizzie Gillespie. Carlos Santana war ebenso wie Frank Zappa zu Gast. Jeden Sonntag gibt es eine Jazz-Jam-Session, außerdem regelmäßige Konzerte an Dienstagen. Zu den Highlights gehört auch Insider Tipp *bread & blues* mit international bekannten Künstlern aus der Bluesszene und einem ansprechenden kalten Buffet. Wer dafür Karten ergattern kann, ist ein Glückpilz. Während des gesamten Jahres 2004, wenn das Cave seinen 50. Geburtstag feiert, wird zu Veranstaltungen eingeladen, bei denen das gesamte Musikspektrum von einem halben Jahrhundert wieder auflebt. *Krämergasse 2, www.cave 54.de, Linie 11, 33 Rathaus/Bergbahn oder Linie 12, 41, 42 Universitätsplatz*

Jazzhaus Heidelberg **[103 F3]**
Eine Bühne im Rahmen der »Kulturbrauerei«, auf der an Wochenenden musikalisch die Post abgeht. Die Eintrittspreise variieren je nach Ensemble. Beginn der Sessions jeweils 21 Uhr. *Leyergasse 6, Linie 11, 33, 35 Neckarmünzplatz*

KINOS

Harmonie/Lux **[103 D3]**
Größtes Kino in Heidelberg. Das »Lux« mit großer Leinwand, dazu vier Kleinkinos. *Hauptstraße 110, Tel. 203 40, Linie 12, 41, 42 Universitätsplatz*

Kamera **[102 A2]** Insider Tipp
Das Programmkino wurde für seine hervorragende Programmgestaltung mehrfach ausgezeichnet. *Brückenstraße 96, Tel. 40 98 02, Linie 3, 12 Schröderstraße*

MARCO POLO Highlights »Am Abend«

★ **Cave 54**
Treffpunkt für die internationale Szene von Jazz, Blues und Rock (Seite 77)

★ **Sepp'l**
Feuchtfröhliche Abende in einem über 300 Jahre alten Haus, Klavierbegleitung inklusive (Seite 78)

★ **Vetter's**
Das Bier wird vor den Augen der Gäste gebraut. Das Richtige, wenn der Abend handfest sein soll (Seite 79)

★ **'s Lager**
Gemütlichkeit zwischen Charme der Historie und neuem Design (Seite 80)

★ **Theater der Stadt Heidelberg**
In Etappen renoviertes Barockgebäude mit breit gefächertem künstlerischen Programm (Seite 81)

KNEIPEN

Cafébar d'Aix-en-Provence **[102 A2]**
Ein beliebter Treffpunkt für alle, die es nach einem guten Abendessen nicht gleich nach Hause zieht. Hier kann man noch auf ein Bier oder einen Cappuccino einkehren und mit seinem Nachbarn am Tresen oder am Tisch nett plaudern und so den Tag aufs Angenehmste ausklingen lassen. *Bergstraße 1, Linie 3, 12 Schröderstraße*

Goldener Reichsapfel **[103 D3]**
Hat durch seine langjährige Beliebtheit bei Studenten als Steh- und Musikkneipe allmählich verdient, in die Kategorie der »historischen« Studentenkneipen aufgenommen zu werden. *Untere Straße 35, Linie 35 Alte Brücke*

Hard Rock Café **[103 D3]**
Nomen ist nicht immer Omen: Hier liegt nämlich meistens eher Poppiges als Rockiges auf dem Plattenteller. Tagsüber kommt der zweite Teil des Namens zum Tragen: Dann findet sich das junge Publikum zum lockeren Plausch bei Milchkaffee und Cappuccino ein. *Hauptstraße 142, Linie 12, 41, 42 Universitätsplatz*

Kulturbrauerei **[103 F3]**
Mit großem Aufwand wurde hier ein ganzes Gebäudeensemble der Altstadt restauriert und als abendlicher Treffpunkt nebst Hotel eröffnet. Die Kunst des Bierbrauens verbindet sich mit Galerien, Kleinkunstbühne und einem Jazzpodium. *Leyergasse 6, Linie 11, 33, 35 Neckarmünzplatz*

Sepp'l **[103 F3]**
★ Im Winter 1883/84 schlichtete Joseph Ditteney, der damalige Besitzer des Lokals, durch eine Einladung den heftigen Zwist verschiedener Studentencorps. Die fünf Corps revanchierten sich durch das Geschenk je eines Glasfensters mit Wappenritter und nannten »ihr« Lokal fort-

Schlossfestspiele

Keine Angst vorm Sommerloch

Wenn das Heidelberger Stadttheater im Sommer seine Spielpause einlegt, bietet sich dem Publikum ein Ersatz: 1972 wurden die Schlossfestspiele wieder ins Leben gerufen, die in den 1920er-Jahren von Schauspielern vom Rang eines Heinrich George getragen wurden. Vor der Kulisse der Renaissancefassaden finden in den Schlossanlagen alljährlich zwischen Anfang Juli und Ende August Theateraufführungen und Konzerte statt. *Information und Kartenvorverkauf: Konzertkasse, Theaterstraße 4, Tel. 58 20 00 oder Tourist-Information am Schloss, Neue Schlossstraße 54, Tel. 538 40, www.theaterheidelberg.de. Die Eintrittskarten berechtigen 3 Std. vor und nach der Veranstaltung zur kostenlosen Benutzung der öffentlichen Verkehrsmittel.*

an einfach Sepp'l. Feuchtfröhliche Abende finden hier auch heute nach aufwändiger Renovierung des über 300 Jahre alten Hauses täglich statt. Ein Mann am Klavier begleitet das Ganze gelegentlich. *Hauptstraße 213, Tel. 230 85, Linie 11, 33, 35 Neckarmünzplatz*

Tati **[104 C6]**
Im Stadtteil Bergheim wächst auf dem ehemaligen Fabrikgelände des »Landfriedhauses« ein sehenswerter Freizeitkomplex mit Theater, Musik, Bowling und Gastronomie heran. In einem der schönen Ziegelbauten hat das Tati mit kleiner, internationaler Karte seinen Platz. Kleine französische Karte, große Weine, beste Stimmung bei eng gestellten Stühlen. *So geschl., Bergheimer Straße 139 bis 145, Tel. 18 27 04, Linie 2, 35 Betriebshof*

Vetter's **[103 E3]**
★ Im »Alt Heidelberger Brauhaus« wird das Bier in großen Kesseln vor den Augen der durstigen Gäste hergestellt, die Kleinigkeiten aus der guten Küche entstammen altdeutschen Rezepten. *Steingasse 9, Linie 35 Alte Brücke*

sider pp **Weinloch** **[103 D3]**
Die Besucherskala reicht vom weinseligen Alt-Heidelberger bis zum fleißigen Jurastudenten. Mit Ausnahme von ein paar Holztischen existiert praktisch keine Inneneinrichtung. Die Atmosphäre stellt sich allein durch das Schulter-an-Schulter der Gäste her. Beim Weinausschank geht es nicht um die Verkostung prämierter Rebsorten, sondern um das gesellige Beisammensein. *Untere Straße 19, Linie 41, 12 Universitätsplatz, Linie 35 Alte Brücke*

KONZERTE

Größere Konzerte finden in Heidelberg eher sporadisch statt. Die wichtigsten Aufführungsorte: *Karlstorbahnhof* (Rock, Pop, Folk), *Stadthalle* (Pop und Klassik), *Schloss* (Klassik), *Heiliggeistkirche* (Kirchenmusik) und *Thingstätte* (Pop und Klassik). Zu den über 250 Kirchenmusikkonzerten, die jährlich in Heidelberg stattfinden, erhält man unter *Tel. 286 01* Auskunft über Veranstaltungsorte und -zeiten. *www.musik-in-kirchen-und-kloestern.de*

MUSIKKNEIPEN

Acht Grad **[104 C6]**
Der Club verheißt atmosphärisches Relaxen und Kommunikation. Das dargebotene Programm beinhaltet unter anderem Livemusik an jedem 1. und 4. Di im Monat, Salsa und Jazz. Mi–Sa ab 21 Uhr geöffnet. *Bergheimer Straße 147 (Landfriedhaus), Tel. 438 55 81, www.achtgrad.com, Linie 2 Betriebshof*

Billy Blues im Ziegler **[102 A4]**
Auch während der Woche Auftritte mit Soul, Funk, Rock und Blues. Durch den Saal weht dabei ein Hauch von 68er-Geschichte. *Bergheimer Straße 1b, Linie 1, 2, 3 Bismarckplatz*

Cantina Mexicana Los Amigos **[105 D6]**
Hier klingt Südamerika in den schönsten Tönen: Salsa ist angesagt. So vielseitig wie das musikalische Programm ist auch das kulinarische Angebot, z. B. mittwochs Spareribs zum Sattessen. *Bahnhofstraße 61, Tel. 16 80 93, www.losamigos-hd.de, Linie 1, 3, 34, 41, 42 Poststraße*

's Lager **[103 D3]**
★ Aus dem ehemaligen Bierlager und dem benachbarten Hinterhaus-Gastraum des Goldenen Reichsapfels wurde eine schöne Mischung aus Bistro und Abendkneipe: halb Design, halb Historie unter hohen Decken. *Untere Straße 35, Linie 35 Alte Brücke*

THEATER & KULTUR

Insider Tipp
Halle 02 **[108 B–C 1–2]**
Im ehemaligen Güterbahnhof hält die Halle 02 für Kulturinteressierte aller Altersklassen eine Symbiose aus Kunst, Musik und Theater bereit. Neben etablierten Künstlern stellen hier hauptsächlich Newcomer aus dem gesamten Bundesgebiet ihre Werke aus. Die Exponate reichen von Malerei über Fotografie bis zu Graffiti, Videoinstallationen und Performancekunst. Jeden Monat wechselt die Ausstellung und damit das Raumkonzept der 500 m^2 großen Ausstellungsfläche. DJs und Bands bereichern die Abende. *Güteramtsstraße 2, www.halle02.de, Linie 2 Czerny-Brücke Süd*

Insider Tipp
Kulturzentrum Karlstorbahnhof **[107 D5]**
1996 wurde aus dem Bahnhof eine lebhafte Kulturstätte mit Theater, Kino und Kulturcafé. Hier gibt's Livemusik, Theater und Performances aller Art. Der Karlstorbahnhof ist somit zum Renner der Jugendkulturszene in Heidelberg geworden. *Hauptstraße 248, www.karlstorbahnhof.de, Linie 11, 33, 35 Karlstor*

Romanischer Keller **[103 D4]**
Im Keller des Romanischen Seminars hat sich eine kleine Bühne etabliert, auf der mehr als studenti-

Eine Kneipe, wie man sie sich stilvoller kaum wünschen kann: 's Lager

Die Glorie des Gloria

Die Geschichte eines alten Kinos

Es ist schon eine Heidelberger Kulturinstitution, das Altstadtkino in der Hauptstraße, das 2003 auf eine bewegte 90-jährige Geschichte zurückblicken konnte. Seit über 30 Jahren hat es sich mit einem anspruchsvollen Programm einen Namen gemacht. Und wenn das Bundesinnenministerium alljährlich die besten deutschen Programmkinos auszeichnet, ist das Gloria dabei. Die Besucher finden kein großes Foyer vor, kein Bistro und keine Bar. Es ist der Charme des Gloria, der die Cineasten die Treue halten lässt. Wer will, kann sich vor dem Kartenkauf an der Popcornmaschine eine Tüte köstlich-luftige Gaumenfreude kaufen – das Filmerlebnis wird damit nochmal so schön. Zum Gloria gehört das *Gloriette*, das oft Filme in Originalversion zeigt. *Hauptstraße 146, Tel. 253 19, Linie 12, 41, 42 Universitätsplatz*

sches Laienspiel zu sehen ist. Auch Tanztheater-Vorführungen, Lesungen und Performances werden geboten. *Abendkasse, Seminarstraße 3, Linie 12, 41 Peterskirche*

Taeter-Theater [104 C6]
Im Hinterhofmilieu des Landfriedhauses hat sich diese ernst zu nehmende Bühne Ende der 1980er-Jahre etabliert. *Bergheimer Straße 147, Linie 2, 35 Betriebshof*

Theater der Stadt Heidelberg [103 C4]
★ Das Theaterleben in Heidelberg musste sich gegen den Widerstand der Residenzstadt Mannheim durchsetzen. Und in der Gründungszeit meldete auch die Universität »sittliche Bedenken« an. 1853 kam es dann doch zum Bau des heutigen Stadttheaters. Mit Regisseuren wie Heyme, Neuenfels, Mouchtar-Samorai und Kresnik zog in den 1960er-Jahren auch in Heidelberg das anspruchsvolle Schauspiel ein. Alljährlich im Frühsommer versammelt der »Heidelberger Stückemarkt« Inszenierungen deutscher Gegenwartsautoren. *Theaterstraße 4, www.theaterheidelberg.de, Linie 12, 41, 42 Universitätsplatz*

Zimmertheater [103 D3] Insider Tipp
Das zweitälteste Privattheater Deutschlands wurde 1950 gegründet und genießt weit über Heidelberg hinaus einen hohen Bekanntheitsgrad. In unmittelbarer Nähe zur Bühne erlebt das Publikum zumeist zeitgenössische Stücke. 98 Plätze, Spielzeiten tgl./ganzjährig. *Hauptstraße 118, Linie 12, 41, 42 Universitätsplatz*

Zwinger 3 [103 E4]
Kinder- und Jugendtheater in einer umgebauten Turnhalle. Mit großem Engagement werden hier Stücke in Szene gesetzt, die auch Erwachsene ansprechen. *Zwingerstraße 3, Linie 11, 33 Rathaus/Bergbahn oder 12, 41, 42 Universitätsplatz*

Die kleine Stadt kennt keine langen Wege

Die Spaziergänge sind in der Karte auf dem hinteren Umschlag und im Cityatlas ab Seite 102 grün markiert

1 HISTORISCH: »ALT HEIDELBERG, DU FEINE«

Der Stadtkern um die Heiliggeistkirche herum könnte die Kulisse für einen Historienfilm abgeben. In kleinen Gassen tauchen große Namen aus der Geschichte auf, in ehemaligen Fischerhäuschen wohnen jetzt die Antiquitätenhändler, und auf den Plätzen werden keine Hexen mehr verbrannt, sondern Bratwürste verkauft. Der einstündige Bummel durch die Geschichte von Alt-Heidelberg beginnt bei der Alten Brücke und führt an der Heiliggeistkirche vorbei hoch zum Schloss.

Die *Alte Brücke (S. 21)* mit dem Brückentor war früher der Ankunftsort für Gäste, die von Norden aus nach Heidelberg kamen. In ihrer heutigen Form löste sie 1788 die vorangegangenen Holzkonstruktionen ab. Dichterfürst Johann Wolfgang von Goethe zeigte sich 1797 sehr beeindruckt von ihrer Schönheit. Vor der Alten Brücke öffnet sich ein kleiner Platz, der mit seinen Terrassencafés besonders an Sommerabenden zu einem Treffpunkt für Nachtschwärmer wird.

In der für viele schönsten Gasse Heidelbergs, der *Steingasse,* stammen die Häuser aus der Barockzeit. Durchgänge führen zu versteckten, malerischen Innenhöfen (besonders zu beachten: Nr. 9) *[Insider Tipp]*. In der Steingasse verführen hübsche Antiquitätenlädchen, kleine Cafés und Bistros zum entspannten Bummeln. Auf dem Weg durch die Haspelgasse machen Sie Bekanntschaft mit dem *Haus Cajeth (S. 43)* und dessen sehenswerter Sammlung »Primitive Malerei im 20. Jh.«. Die Gasse mündet auf den *Fischmarkt.* Der Name und der Brunnen erinnern an die ehemalige Funktion des Platzes und auch daran, dass Winzer und Neckarfischer lange die bedeutendsten Berufsgruppen in Heidelberg waren.

Rechter Hand geht es in die *Untere Straße (S. 37),* die vormalige

Der Marktplatz mit Heiliggeistkirche und Herkulesbrunnen

»Hauptstraße« Heidelbergs. Kleine Cafés wie *Knösel (Ecke Haspelgasse/Untere Straße)* und *Burkardt (Untere Straße 27)* tragen zum Charme des engen Sträßchens ebenso bei wie witzige Kaufläden oder Abendlokale und Restaurants, die *Reichsapfel (Nr. 35)*, *'s Lager (Nr. 35)*, *Weinloch (Nr. 19)*, *Pop (Nr. 17)* oder *Weißer Bock (Ecke Untere Straße/Große Mantelgasse)* heißen.

Wo die Pfaffengasse von der Unteren Straße zum Neckar hin abbiegt, kam am 4. Februar 1871 der spätere erste Reichspräsident Friedrich Ebert zur Welt. Die liebevoll eingerichtete *Gedenkstätte (S. 44)* dokumentiert nicht nur Stationen seines Lebens, sondern gibt auch Einblicke in die Architektur des Alltags und der Häuser im ehemaligen Handwerkerviertel der Heidelberger Altstadt. Ein paar Meter weiter erinnert eine Gedenktafel am Haus Nr. 16 der Unteren Straße an den Dichter Friedrich Hebbel, der 1836 als Student hier für 24 Gulden pro Halbjahr Logis genommen hatte. Am Ende der Unteren Straße führt die Große Mantelgasse links hoch zur *Hauptstraße (S. 34)*, in die Sie links einbiegen. Im Unterschied zur Unteren Straße befinden sich hier mehrgeschossige Wohn- und Geschäftshäuser, deren Bauzeit vom Barock bis zur Gründerzeit reicht. Im Haus mit der Nummer 160 hat der Komponist Robert Schumann in den Jahren 1829/30 ein Studentenzimmer bewohnt, um in Heidelberg nur halbherzig dem elterlichen Wunsch nachzukommen, Jura zu studieren. Seine Liebe gehörte der Musik.

Mit der *Heiliggeistkirche (S. 29)* und dem *Marktplatz (S. 35)* ist ein bau- und kulturgeschichtlicher Höhepunkt dieses Spaziergangs erreicht. Den Auftakt dazu bildet die prachtvolle Renaissancefassade des Hotels *Zum Ritter St. Georg (Hauptstraße 178)*. Auf gleicher Straßenseite ist mit der ehemaligen *Kurfürstlichen*

Hier sind Schauen und Kaufen oft eins: Antiquitäten in der Hauptstraße

Hofapotheke eine schöne Barockfassade zu sehen.

Wer hier eine kurze Pause machen möchte, findet auf dem Marktplatz die richtige Kulisse und ein schönes Terrassencafé dazu. Die 1399–1441 errichtete Heiliggeistkirche beherbergte mit der Bibliotheca Palatina bis 1623 Europas größte Bibliothek und hat in der frühen Neuzeit auf dem Marktplatz schreckliche Szenen von Hexenverbrennungen gesehen. Rechter Hand grenzt das *Rathaus* den Marktplatz ab. Das Glockenspiel im Turm seines Anbaus ist täglich um 11.55, 14.55 und 18.55 Uhr zu hören.

Weiter die Hauptstraße Richtung Karlstor entlang, folgen nach wenigen Metern der *Kornmarkt* und der *Karlsplatz.* An Letzterem residieren seit 1921 die Akademie der Wissenschaften und seit vielen Jahren auch das Studentenlokal *Sepp'l (S. 78).* Von hier aus sind es über die Karlstraße in Richtung *Dokumentations- und Kulturzentrum deutscher Sinti und Roma (S. 41)* nur ein paar Meter zur Talstation der Bergbahn, mit der sich der Höhenunterschied zwischen Stadt und Schloss sehr stimmungsvoll und bequem überwinden lässt.

Dem *Schloss* und dem *Schlossgarten (S. 24 ff.)* gebührt natürlich größere Aufmerksamkeit, um zum Abschluss des Spaziergangs schließlich von den Schlossterrassen aus den wunderbaren Blick über die Stadt mit den Dichterworten Joseph Victor von Scheffels zu genießen, der 1854 folgendem Reim zur Berühmtheit verhalf:

»Alt Heidelberg, du feine,
du Stadt an Ehren reich,
Am Neckar und am Rheine
Kein' andre kommt dir gleich.«

2 STUDENTISCH UND LEHRREICH: RINGS UM DIE ALTE UNIVERSITÄT

Nicht nur Erstsemester, die die großen Bibliotheks- und Lehrgebäude der Alten Universität erstmals erkunden, sind von dem hier versammelten Geist und Wissen beeindruckt. Das Gleiche trifft auf Besucher zu, die sich jedoch in erster Linie an den schönen Bauten und prachtvollen Bücherschätzen erfreuen dürfen. Man kann den Bummel rund um den Universitätsplatz auf eine knappe Stunde eingrenzen, aber auch ohne Mühe zwei bis drei Stunden damit verbringen.

Ein beliebter Ausgangspunkt (auch für Stadtführungen) ist der *Löwenbrunnen* vor der *Alten Universität.* Sicher ohne Absicht zeigt das Hinterteil des Kurfürstlichen Wappentiers auf das schön gestaltete Portal des 1711 errichteten Gebäudes. Neben Verwaltungsräumen sind hier die Ende des 19. Jhs. neu gestaltete und im Stil der Neorenaissance schmuckvoll ausgestattete Aula und das 1996 eröffnete *Universitätsmuseum (S. 45)* untergebracht.

Auf der Rückseite *(Augustinergasse 2)* befindet sich der Eingang des *Studentenkarzers (S. 44),* in den die universitätseigene Gerichtsbarkeit bis Anfang des 20. Jhs. so manchen jugendlichen Missetäter zum Arrest verwies. Allerdings wurde dies nicht als besonders ehrenrührig empfunden, zumal während der Strafzeit unter der »strengen« Bewachung des Pedells die Eingesperrten Besuche empfangen und sogar die Vorlesungen besuchen durften.

Die Augustinergasse führt hinauf zum schmucklosen, 1930/31 errichteten Gebäude der *Neuen Universität (S. 23)*. Pallas Athene, die antike Schutzpatronin der Künste und der Weisheit, bewacht den Haupteingang. Der Bau nimmt eine Vielzahl von Hörsälen auf, und seine Rückseite zeigt zu einem ganz (Insider Tipp) idyllischen Innenhof, der auch vom *Hexenturm* als Teil der alten Stadtmauer begrenzt wird.

Durch den Südausgang dieses Hofes kommen Sie zur Seminarstraße und blicken halblinks gleich auf das *Collegium Academicum (S. 24, 37)*, einen der schönsten Barockbauten der Stadt. Bevor es Verwaltungsgebäude der Universität wurde, war es nacheinander Aufbewahrungsanstalt für Geisteskranke, Kaserne und nach dem Zweiten Weltkrieg als Collegium Academicum ein selbst verwaltetes Studentenheim und »Modellstätte zur Einübung demokratischer Regeln«. Nach Ansicht der Universität übertrieben es die Studenten Ende der 1970er-Jahre mit der Demokratie und Selbstverwaltung. Sie mussten deshalb ihre Zimmer für Verwaltungspersonal räumen.

Bis zur *Universitätsbibliothek (S. 45)* an der Ecke Grabengasse/Plöck sind es nur wenige Schritte. Es lohnt sich, in diesem mit antiken Figuren reich ornamentierten Bauwerk der deutschen Spätrenaissance die ausgestellten Buchschätze zu bestaunen. Gegenüber in der *Peterskirche (S. 30)* finden ab und zu schöne Konzerte statt. Der kleine Friedhof ist Ruhestätte manch namhafter Professoren aus der Frühzeit der Universität. Wenige Meter weiter, im *Plöck 97*, geht es um den Geist in seiner flüssigen Form: Himbeer-, Kirsch- oder Mirabellengeist nach einem saftigen Braten im *Essighaus (S. 53)* – das tut gut, ist hier sehr preiswert und deshalb nicht nur bei Studenten beliebt.

Durch die Sandgasse oder Theaterstraße erreichen Sie in nur ein paar Minuten das Geviert des *Marstalls (S. 22)*, seit dem Spätmittelalter eine Versorgungsanlage, heutzutage in dieser Funktion den Studenten als Mensa dienlich. Nebenan steht die *Heuscheuer*, die mit zwei Hörsälen versehen wurde, in denen Vorlesungen stattfinden.

Über den *Alten Synagogenplatz*, an dem 1938 eine jüdische Synagoge der nationalsozialistischen Zerstörungswut zum Opfer fiel, geht es durch die Große Mantelgasse hinauf zur Unteren Straße. Dort lässt sich der »studentische« Spaziergang stilgerecht in der guten Stube des *Café Burkardt (S. 49)* beenden.

3 LÄNDLICH: VOM BISMARKPLATZ ZUR TIEFBURG

Eine gar nicht städtische Beschaulichkeit ist ständige Wegbegleiterin auf dem Spaziergang, der, vom Bismarckplatz ausgehend, auf die Neckarwiese führt, den Philosophenweg kurz streift und dann dem ländlichen Stadtteil Handschuhsheim Reverenz erweist. Inklusive der Rückfahrt mit der Straßenbahn dauert dieser Bummel etwa 90 Minuten.

Die *Neckarwiese* können Sie gar nicht verfehlen. Vom *Bismarckplatz* gehen Sie auf die *Theodor-Heuss-Brücke*, blicken über das linke Brückengeländer, und schon sind sie zu sehen, die vielen Picknickkörbe und Decken, Liebespaare, Frisbeespieler

Die Tiefburg in Handschuhsheim wird im Sommer zum Festplatz

und Sonnenanbeter. Am besten mischen Sie sich für ein paar Minuten unter dieses bunte Völkchen und genießen das fried- und freudvolle Miteinander.

Von hier aus führt die Lutherstraße direkt zum beschaulichen Marktplatz von *Neuenheim (S. 33).* Ein anschließender Bummel die Ladenburger Straße auf und ab lässt die Herzen von Schleckermäulern höher schlagen. Das fängt schon am Marktplatz an, wenn gerade Markttag ist, und findet in Konditoreien und Feinkostgeschäften seine köstliche Fortsetzung. Überqueren Sie die verkehrsreiche Brückenstraße, gehen Sie ein Stück den *Philosophenweg (S. 31)* entlang, und genießen Sie nach dem Aufstieg (Achtung: ziemlich steil) bis zum *Philosophengärtchen (S. 21)* die Aussicht auf den Neckar und die Stadt.

Oder spazieren Sie in der Ebene entlang der Bergstraße nach *Handschuhsheim (S. 33).* An dieser Straße werden für Häuser und Wohnungen Spitzenpreise bezahlt. Den Grund dafür sieht jeder im Vorübergehen: Gründerzeitvillen und Jugendstil pur, schöne Vorgärten, der Traum vom »Schöner Wohnen in Heidelberg«.

Um die *Tiefburg (S. 27)* herum, hin zur Mühltalstraße, ersetzt ein idyllisch dörfliches Milieu den Jugendstil. Die Straßen sind enger, die Häuser kleiner, die Bewohner traditionell mehr der Landwirtschaft als der Universität verbunden. Hier versammeln sich schöne Kneipen und Biergärten, zu denen seit langem das *Alt Hendese (S. 47),* der *Gasthof Lamm (S. 52)* und *Gilberts Goldener Adler (S. 55)* gehören. Nach »Weck, Worscht un Woi« in einem dieser Lokale bringt Sie die Straßenbahn (Linie 3, OEG-Bahnhof am Hans-Thoma-Platz) bequem zum Bismarckplatz zurück.

Glaserei

Kurfürstliche Residenzen und alte Burgen

Mit der Weißen Flotte durchs Neckartal und andere lohnende Exkursionen

DER SONNE ENTGEGEN

Im Frühling zeigt sich die Sonne in Deutschland zuerst an der Bergstraße. Die Zeit der Mandel- und Kirschblüte verleiht den Odenwaldhängen ein fast südländisches Flair. Die einstige Römersiedlung Ladenburg (12 km von Heidelberg) sowie Weinheim (22 km) gehören zu den herausragenden Orten an dieser historischen Straße, für deren Besuch man ein bis zwei Stunden einplanen sollte. Nehmen Sie nach Weinheim im Sommer Badesachen mit!

Beide Städtchen lassen sich in kaum einer halben Stunde auch ohne Auto gut erreichen. Weinheim **[113 E1]** mit der OEG (Abfahrt Heidelberg Bahnhof oder Bismarckplatz), Ladenburg **[113 D2]** mit dem Rad den Neckar entlang, oder mit der OEG ab Bismarckplatz nach Schriesheim und ab OEG-Bahnhof Schriesheim mit der Buslinie 628.

Das Gerberbachviertel mit der Judengasse in Weinheim

Das Stadtbild von *Ladenburg* gleicht mit seinen vielen Fachwerkfassaden, dem Kopfsteinpflaster der Straßen und Gassen sowie dem malerischen *Marktplatz* einer Bühne mit wunderschöner Kulisse. Ein angenehmer Rastplatz im Ort ist die *Kartoffel (tgl., Kirchenstraße 3, Tel. 06203/161 66)* mit Terrasse für heiße Tage, Biergarten und Gewölbekeller aus dem 14. Jh. Die Preise für À-la-carte-Gerichte liegen hier bei 5–18 Euro.

Bei einem Ausflug nach *Weinheim* darf ein Spaziergang durch den *Schlosspark* nicht fehlen. Am malerischen Marktplatz, der an den Park angrenzt, laden Terrassenrestaurants und Cafés zum Verweilen und Genießen in einer idyllischen Umgebung ein. Seit langem beliebt, weil urig und originell, ist die *Woinemer Hausbrauerei (tgl., Friedrichsstraße 23, Tel. 06201/120 01, OEG Bahnhof Weinheim)* mit ihrem vor Ort hergestellten, unfiltrierten Bier. Essen à la carte kostet hier zwischen 7 und 18 Euro. Einen warmen Sommertag können Sie auch am nahe gelegenen *Waidsee*, einem sehr schönen Badeplatz, verbringen.

QUADRATISCH GUT: MANNHEIM

[112–113 C–D 1–2] Die zweitgrößte Stadt Baden-Württembergs mit der erst kürzlich gegründeten ersten Popakademie Deutschlands bietet manches, was einen Bummel durch die »Stadt der Quadrate« mit Straßennamen wie »Q3« oder »N5« lohnend macht. Mit Auto, Bahn oder OEG (Abfahrt am Bahnhof) lässt sich die Nachbarstadt von Heidelberg aus gut und einfach erreichen.

Das auch heute noch imposanteste Gebäude Mannheims ist das *Kurfürstliche Residenzschloss* aus dem frühen 18. Jh., in dessen Seitenflügel Teile der Universität untergebracht sind. Mit den *Planken* hat die industriegeprägte Stadt einen Shoppingbereich, der in angenehmer Abwechslung zwischen »prachtvoll« und »preiswert« eine ganze Region anzieht. Das *Reiss-Museum (Straßen C5 und D5)*, die *Städtische Kunsthalle (Moltkestraße 9/Friedrichsplatz)* und das junge *Landesmuseum für Technik und Arbeit (Museumsstraße 1)* sind bei einem Besuch in Mannheim mehr als nur Schlechtwetter-Alternativen. Jüngere Besucher gehen dabei besonders gern in das Landesmuseum für Technik und Arbeit, weil sich hier viele technische Vorgänge sehr anschaulich und großteils auch interaktiv erschließen. Auch das *Planetarium (Wilhelm-Varnholt-Allee 1)* an der Autobahn Heidelberg/Mannheim ist ein Erlebnis.

Für genussvolle Pausen oder Ausflugsabende finden sich in der Mannheimer Innenstadt jede Menge schöner Cafés und Restaurants. Nicht versäumen: den Luisenpark mit Wasserspielen, japanischem Teepavillon und Liegestühlen. Ein angenehmes Abendrestaurant in der Innenstadt heißt *Grimms Märchen (So geschl., G 7/17, Innenstadt, Tel. 0621/10 36 36).* Die Karte bietet mehrere Menüs für jeden Geschmack und jeden Geldbeutel. Das Ambiente ist mit dem

Repräsentativ: der Paradeplatz in Mannheim

Namen des Restaurants verwandt – zauberhaft. À la carte 5–23 Euro. Zusätzliche Informationen gibt's bei der *Tourist-Information Mannheim, Tel. 06221/10 10 12, Willy-Brandt-Platz 3 (vor dem Hauptbahnhof), www.mannheim.de.*

AUF DEN SPUREN VON MARK TWAIN

Eine Fahrt durchs Neckartal – mit dem Auto, dem Fahrrad oder per Schiff – ist ein Erlebnis für Auge und Herz, und schon Mark Twain bekannte, »den Fluss in all seiner Schönheit« kennen gelernt zu haben. Für einen Ausflug nach Neckargemünd (10 km), zur Bergfeste Dilsberg (13 km), nach Neckarsteinach (13 km), Hirschhorn (16 km) und Eberbach (20 km) brauchen Sie je nach Gefährt zwei bis sechs Stunden.

Die Tour ist eine Begegnung mit romantischen Landschaftsbildern, sagenumwobenen Burgen – Neckarsteinach allein hat vier davon – und malerischem Fachwerk. »Die Romantischen Vier«, die Städtchen *Neckargemünd* **[113 F3]**, *Neckarsteinach* **[113 F3]**, *Hirschhorn* **[113 F2]** und *Eberbach* **[O]** bieten neben viel Historie auch gut ausgeschilderte Wege rund um Burgen und Schlösser. Mit der *Feste Dilsberg* **[113 F3]** wartet ein idyllisch gelegenes Örtchen auf einer Bergkuppe, das so manchem Kulturschaffenden aus Heidelberg Wohnstätte geworden ist. In seinen Mauern scheint die Zeit stehen geblieben zu sein. So gut wie kein Autoverkehr stört hier die Ruhe. Lassen Sie sich Zeit bei einem Rundgang um die Feste außerhalb der Mauer, genießen Sie den grandiosem Ausblick auf den Neckar, Neckargemünd und Neckarsteinach, besichtigen Sie den Brunnenstollen (nur im Sommer möglich), oder bummeln Sie einfach nur durch die engen Gässchen der Feste fernab vom Trubel der übrigen Welt. Süßer Höhepunkt ist die *Chocolaterie im Gasthaus Zur Burg (nur Sa, So 13–19 Uhr, Obere Straße 12, Tel. 06223/86 47 48, www.das-beste-zum-schluss.com)*, wo Konditormeisterin Eva Heß Schokoladenträume wahr werden lässt und interessierte Gäste zu Wochenendseminaren einlädt.

AUF KURFÜRSTLICHEN WEGEN

[113 D3] Als Sommerresidenz des Kurfürsten Karl Theodor sowie als Spargel- und Festspielstadt hat sich das nur 11 km von Heidelberg entfernte Schwetzingen einen Namen gemacht. Mit dem Auto oder auch mit der Straßenbahn (Abfahrt Bismarckplatz, mit Umsteigen in Oppelheim) ist die Verbindung gut.

Das *Barockschloss* mit seinem kunstvoll angelegten Schlosspark ist eng mit der Geschichte Heidelbergs und Mannheims verbunden. Die ehemalige Wasserburg aus dem 14. Jh. wurde mehrmals zerstört, um von Mal zu Mal prachtvoller wieder aufgebaut zu werden. Unter Kurfürst Johann Wilhelm erhielt das Schloss zwischen 1699 und 1714 seine heutige Form. Nach dem Zweiten Weltkrieg drohte das gesamte Anwesen zu verwahrlo-

Allein einen Ausflug wert ist der Schwetzinger Spargel

sen. Erst in den 1980er- und frühen 1990er-Jahren konnten umfangreiche Sanierungsarbeiten den alten Glanz der ehemaligen Sommerresidenz von Kurfürst Karl Theodor wieder herstellen.

Der Mittelbau des Schlosses umschließt mit seinen drei viergeschossigen Flügeln einen engen inneren Hof und überragt die zweigeschossigen Flügel des vorgelagerten Ehrenhofes. Zirkelhäuser, eine Orangerie und ein Theater bilden die Verbindung zum großen Park und betonen den heiteren Charakter der Gesamtanlage. Die Gartenanlage sucht in Europa ihresgleichen. Auf 0,72 km² besticht das Nebeneinander von strenger Geometrie nach französischem Vorbild und der Großzügigkeit englischer Landschaftsgärten. Durchsetzt von Teichen, Lauben und phantasievoll konzipierten, kleineren Bauwerken (Apollo-Tempel, Merkur-Tempel, Badhaus, Moschee, Minerva-Tempel), bildet der Schlosspark eine abwechslungsreiche Szenerie für ausgedehnte Spaziergänge. Ein Gesamtrundgang erstreckt sich immerhin über 5,5 km.

Alljährlich von April bis Mai finden im Rokokotheater des Schlosses und in den Zirkelbauten die *Schwetzinger Festspiele* statt *(Auskunft Tel. 06202/94 58 75, www.schwetzingen.de)*. Für eine Pause mit Kaffee und Kuchen eignet sich das im Park gelegene *Schlossrestaurant (Nov.–März geschl., sonst tgl. 10–19 Uhr, Tel. 06202/933 00)*.

Neben dem Schloss ist es der Spargel, der Schwetzingen zu einem beliebten Ausflugsziel macht. So könnte ein Besuch in der vielfach ausgezeichneten *Adler Post (S. 73, Restaurant So und Mo geschl, à la carte 13–23 Euro, www.adler-post.de)* mit feinen Spargelgerichten ein Höhepunkt des Ausflugs sein.

ZU KAISERN UND KÖNIGEN

[112 C3–4] Die Fahrt in die 29 km entfernte Domstadt Speyer über die A5 oder die A61 dauert etwa eine halbe Stunde. Wer den Rhein überquert hat, befindet sich bereits in der Pfalz.

Ein Spaziergang durch das historische Stadtzentrum der 2000-jährigen Kaiserstadt gipfelt unweigerlich in der Besichtigung des romanischen *Doms* (1061), dessen Türme bereits zu erkennen sind, bevor der Rhein überquert ist. Speyer war der Mittelpunkt des Reichs der Salier, und so nimmt es nicht wunder, dass in der Gruft des Doms acht deutsche Kaiser und Könige ruhen. Das monumentale Gotteshaus ist der älteste der drei Kaiserdome am Rhein. Am Domplatz liegt das *Historische Museum der Pfalz (Di–So 10–18 Uhr, www.museum.speyer.de)*, das u. a. ein interessantes Weinmuseum beherbergt. Eine Kaffeepause kann man im *Café Hindenburg (tgl., Maximilianstraße 91)* einlegen. Wer deftigere Kost liebt, kehrt in die *Domhof Hausbrauerei* ein *(à la carte 4,50–13 Euro, Große Himmelsgasse 6, Tel. 06232/ 740 55, 674 40, www.domhof.de)*.

ENTLANG DER WEINSTRASSE

Ein Tagesausflug führt von Heidelberg aus an die Deutsche Weinstraße. Gute Zugverbindungen gibt es nach Neustadt [112 A3], und von dort aus lassen sich berühmte Weinorte wie Edenkoben [112 A4], Deidesheim [112 A3], Wachenheim [112 A2] und Bad Dürkheim [112 A2] mühelos mit Linienbussen erreichen. Mit dem Auto benötigen Sie von Heidelberg bis Neustadt über Speyer für die ca. 50 km etwa eine Dreiviertelstunde.

Einer der Hauptanziehungspunkte bei Neustadt ist das *Hambacher Schloss (www.hambacher-schloss.de)* oberhalb des Stadtteils Hambach. Die um das Jahr 1000 von den salischen Kaisern als Reichsfeste erbaute Burg wurde 1689 im Pfälzer Erbfolgekrieg von den Franzosen zur Ruine gemacht. Seinen Platz in der deutschen Geschichte erhielt das Schloss 1832, als sich hier über 30 000 Menschen versammelten, um gegen die Kleinstaaterei und für bürgerliche Freiheiten zu demonstrieren. Bei dieser Gelegenheit wurde erstmals die schwarz-rot-goldene Flagge gehisst.

Ob in der Altstadt von Neustadt oder in den Ortskernen der genannten Weinorte – ein Ausflug an die Weinstraße erfordert nicht unbedingt den Besuch von Heimatmuseen, um unterhaltsam zu sein. Eine ganz besondere Art, die Pfalz zumindest ein Stück weit zu erkunden, ist eine Fahrt mit dem *Kuckucksbähnel (www.neustadt-an-der-weinstrasse.de)*. In historischen Wagen mit einer Dampflokomotive geht es von der heimlichen Weinhauptstadt Deutschlands quer durch das schöne Pfälzer Land.

Zu begehrten Mitbringseln von der Weinstraße gehören neben dem Wein auch Weingelee und gute Tresterbrände. Besonders guter Essig bis hin zum Essig-Aperitif kann im *Doktorenhof (www.doktorenhof.de)* in Venningen bei Edenkoben probiert und erstanden werden.

Angesagt!

Events, Meetings und Aktionen, die Sie kennen und nicht verpassen sollten!

Boule-Treff

Boule ist auf dem besten Weg, ein neuer Trendsport zu werden. Auch in Heidelberg, wo sich jeden Mittwoch ab 18 Uhr Jung und Alt zum Boule-Treff einfindet. Open End ist auch im Herbst und Winter angesagt – eine Flutlichtanlage macht's möglich. *TSG Rohrbach im Hasenleiser, beim Südeingang der Sportanlage, neben dem Parkplatz Erlenweg 22, Tel. 370 30, www.tsgrohrbach.de, Linie 11 Erlenweg*

Speakeasy-Partys

Die Veranstaltungen des Deutsch-Amerikanischen Instituts finden an fast jedem Abend statt: Konzerte, Partys mit bekannten DJs und Bands, Vorträge, Diskussionen, Ausstellungen und Lesungen. Highlights sind die *Walpurgisnacht* am 30. April und das internationale Festival *Words & Voices* Ende November. *Sofienstraße 12, Tel. 607 30, www.dai-heidelberg.de, Linie 1, 2, 3 Bismarckplatz*

Schwimmbad Musik Club

In dem vierstöckigen Club vor den Toren der Stadt geht nachts die Post ab mit Heavy Metal, Wave-Gothic, Schlagermusik und Neuer deutscher Welle, Indi, Pop, Rock, Fun Music, Black Music oder Techno. Im zweiten Stock gibt's Livekonzerte, im Kino aktuelle Filme, und im Bistro kann man sich für 5,80 Euro beim Menü des Monats satt essen. Am Wochenende Shuttlebus ab Alte Brücke. *Eintritt Mi, Do 1,50 Euro ohne Konzert, Fr, Sa 3,50 Euro mit Konzert, Tiergartenstraße 13, Infoline 40 00 31, www.schwimmbad-musik-club.de, Linie 33, 12 Schwimmbad*

Salsa

Dreimal pro Woche (Mo, Di, Mi) fordern die Tanzlehrer von *Los Amigos* zur Salsa auf (Latino Fiesta für Könner Fr und Sa, Fr ca. zweimal im Monat mit Livemusik). Jeden Fr und Sa dringen auch aus dem *Havana-Keller* lateinamerikanische Rhythmen, wenn Leo und Sami Salsa-Tanzkurse abhalten. *Los Amigos: Eintritt 3 Euro, Fr Damen bis 22.30 Uhr frei, Bahnhofstraße 61, Tel. 16 80 93, www.los-amigos-hd.de, Linie 1, 3, 34, 41, 42 Poststraße; Havana-Keller: Fr, Sa 20.30–22.30 Uhr, 14 Euro pro Person, Neckarstaden 24, Tel. 0160/223 21 90 und 0175/153 22 36, www.leosalsa.de, Linie 12, 35, 41, 42 Kongresshaus*

Von Anreise bis Wetter

Hier finden Sie kurz gefasst die wichtigsten Adressen und Informationen für Ihre Reise nach Heidelberg

ANREISE

Flugzeug

Ein Lufthansa-Airport-Bus pendelt tgl. zwischen 8 und 23 Uhr etwa im Stundenrhythmus ab Flughafen Frankfurt (Ankunftsebene B, Ausgang am Meetingpoint) und ab Heidelberg zwischen 6 und 20 Uhr ab *Crowne Plaza Hotel, Kurfürstenanlage 1* **[102 A5]**. (19 Euro bzw. 35 Euro).

Bahn

Der Heidelberger Hauptbahnhof mit Intercity- und Interregio-Anschluss liegt im Westen der Stadt. Taxis und eine große Touristeninformation befinden sich am Hauptausgang (Ost). Straßenbahnen (Linie 1, 4) und Stadtbusse (Linie 33, 34, 41, 42) zum Zentrum fahren am zweiten Ausgang (Nord) ab.

Auto

Über die Bergheimer Straße besteht im Westen der Stadt ein Stadtanschluss an die Autobahnen nach Mannheim, Darmstadt/Frankfurt, Karlsruhe/Basel und Heilbronn/Stuttgart. Ein Park-and-ride-Platz für Fahrten in die Altstadt und zum Schloss ist während der Saison (April–Okt.) an Wochenenden und Feiertagen im Neuenheimer Feld eingerichtet.

AUSKUNFT

Tourist-Information

Beim Verkehrsverein am Hauptbahnhof erhalten Sie alle wichtigen Informationen über die Stadt. *Verkehrsverein Heidelberg* **[108 C1]**, *Am Hauptbahnhof, Tel. 06221/194 33, www.cvb-heidelberg.de*

Am *Neckarmünzplatz* **[103 F2]** (großer Busparkplatz am Rand der Altstadt): Geldwechsel, Information und Prospekte. *Tel. 137 40*

Am *Schloss* **[103 F4]**: *Neue Schlossstraße 54*

FUNDBÜRO

Städtisches Fundbüro **[105 E6]**, *Bergheimer Straße 69, Tel. 65 37 97*

HEIDELBERG-CARD

Die Heidelberg-Card bietet zahlreiche Ermäßigungen beim Besuch von kulturellen Einrichtungen, Rabatt in vielen Geschäften und Restaurants und freie Fahrt mit den öffentlichen Verkehrsmitteln. Die *2-Tage-Card* kostet 12 Euro pro Person. Die *4-Tage-Card* (20 Euro pro Person) enthält zusätzlich den Eintritt für weitere acht kulturelle Einrichtungen und drei Museen. Die *Heidelberg-Card Familie* (24 Euro, zusätzlich zur 2-Tage-Card Eintritt in den Zoo und ins Märchenparadies) gilt von März bis Okt. für 2 Erwachsene und 2 Kinder oder 1 Erwachsenen und 3 Kinder. *Erhältlich bei der Tourist-Information am Hauptbahnhof, Hotline 194 33*

INTERNET

Aktuelle Informationen liefert die Homepage des Veranstaltungskalenders »Heidelberg aktuell«: *www.heidelberg-aktuell.de.* Veranstaltungshinweise gibt außerdem *www.meier-online.de.* Über Wanderungen am Königstuhl informiert *www.hvv-heidelberg.de.* Einkaufsangebote finden Sie unter *www.shop-heidelberg.de.*

INTERNETCAFÉS

Spezielle Internetcafés gibt es nicht viele in der Stadt. Ein Plätzchen für einen Online-Plausch findet man aber in der *Netlounge, Plöck 75/77* **[102 C4]**, im *Call-shop, Hauptstraße 144* **[103 D3]**, und im *Café Gekco, Bergheimer Straße 8* **[102 A4]**, außerdem in der *Caféteria der Mensa, Universitätsplatz* **[103 D3]**, und in der *Stadtbücherei, Poststraße 15* **[105 D6]**.

KARTENVORVERKAUF

– *Heidelberg Ticket, Mo–Fr 11 bis 19 Uhr, Sa 10–15 Uhr, Theaterstraße 4, Hotline 58 20 00, www.heidelberg.de/tickets* **[103 C4]**
– *Zigarren-Grimm, Sofienstraße 11, Tel. 209 09 und 16 72 63, Fax 16 28 27, www.zigarren-grimm.de* **[102 A4]**

NECKARSCHIFFFAHRT

Die Saison der Schiffsausflüge auf dem Neckar dauert von Anfang April bis Ende Oktober. Das Programm der Rhein-Neckar-Fahrgastschifffahrt GmbH enthält unter anderem:
- Heidelberg-Fahrten
- Kleine Neckartalfahrt
- Nach Neckarsteinach und zurück

Abfahrtsstelle, Kartenverkauf, Programmangebote: *Stadthalle, Tel. 201 81, Neckarstaden 24, Linie 41, 12, 35 Kongresshaus*

NOTRUF

Polizei *Tel. 110*
Feuerwehr *Tel. 112*
Ärztlicher Bereitschaftsdienst *Tel. 192 92*

Polizei **[105 D6]**
Die Heidelberger Polizeidirektion *(Römerstraße 2–4, Linie 3, 4 Römerkreis)* ist rund um die Uhr erreichbar: *Tel. 990.*

ÖFFENTLICHE VERKEHRSMITTEL

Der *Verkehrsverbund Rhein-Neckar* integriert mehrere Bahn-, Bus- und Straßenbahnlinien. Der Einzelfahrschein für Bus und Bahn im Stadtgebiet kostet 1,90 Euro, als Citytarif 1 Euro. Mit dem *Ticket 24* für 5 Euro kann eine Person alle öffentlichen Verkehrsmittel (außer der Bergbahn) für 24 Stunden im Nahbereich Heidelbergs benutzen. Das *Ticket 24 Plus* für 8 Euro berechtigt an Werktagen sowie an Samstagen, Sonn- und Feiertagen zur Mitnahme von vier weiteren Personen. Eine *3-Tage-Karte* kostet 12 Euro pro Person. *Auskunft Tel. 513 20 00*

Was kostet wie viel?

Kaffee	**2-2,50 Euro** für eine Tasse Kaffee
Bier	**2,80 Euro** für ein Pils
Essen	**8–12 Euro** für ein Mittagessen
Busfahrt	**1,90 Euro** für eine Einzelfahrt
Parken	**1,50 Euro** pro Stunde
Kino	**6 Euro** für eine Vorstellung

Bergbahn Heidelberg **[103 E3]**
Die Bahn fährt vom Kornmarkt aus über die Stationen »Schloss« und »Molkenkur« zum Königstuhl, im Frühling tgl. 9–19, im Sommer bis 20 Uhr im 10-Minuten-Takt. Preise: Zum Schloss und zurück 3,50 Euro (einfach 2 Euro), zur Endstation 6 Euro (einfach 4 Euro). Mit dem *Ticket 24* oder dem *Ticket 24 Plus* zahlen Erwachsene den Kinderpreis. Es gibt Kinderermäßigungen und Kombitickets für Kleingruppen, die den Eintritt für Fernsehturm und Märchenparadies einschließen. *Tel. 513 27 89, Kornmarkt, Linie 11, 33 Rathaus/Bergbahn*

Busse
Viele Buslinien fahren am Bismarckplatz ab oder haben dort eine Haltestelle. Die wichtigsten Linien, mit denen man alle Ziele in der Altstadt erreicht: *12, 41, 42* (Haltestelle Universitätsplatz), *35* (Alte Brücke), *11, 33* (Bergbahn/Rathaus).

OEG

Die Oberrheinische Eisenbahn Gesellschaft ist in Heidelberg überall als OEG bekannt. Mit dieser Straßenbahn lässt sich ein schöner Rundkurs zwischen Heidelberg, Weinheim und Mannheim fahren.

Straßenbahn

Als *Linien 1 bis 4* verbinden die Straßenbahnen die südlichen und nördlichen Stadtteile Heidelbergs. *Linie 1, 2 und 3* haben im Stadtzentrum am Bismarckplatz eine Haltestelle.

POST

Hauptpost *Sofienstraße 8–10 (am Bismarckplatz)* **[102 A4]** und Postamt *Grabengasse 16 (Universitätsplatz)* **[103 D3]**

STADTFÜHRUNGEN & -RUNDFAHRTEN

Altstadtspaziergang: Zwei Stunden zu Fuß durch die Altstadt mit geprüften Gästeführern. *April–Okt. tgl., Nov.–März nur Sa, Beginn jeweils 10.30 Uhr am Löwenbrunnen des Universitätsplatzes, 6 Euro, ermäßigt 4 Euro, Kinder unter 6 Jahren kostenlos*

Die ca. zweistündigen *Stadtrundfahrten* beginnen am Löwenbrunnen (Universitätsplatz). *April–Okt. Do, Fr, Sa 14.30, Sa auch 10.30, So und Feiertage nur 10.30 Uhr, Nov. bis März nur Sa 10.30 Uhr, 12 Euro, ermäßigt 9 Euro, Anmeldung erforderlich, Auskunft Tel. 194 33*

TAXI

Taxistände gibt es an der Alten Brücke, am Bismarckplatz, am Hauptbahnhof und am Universitätsplatz. Vom Bismarckplatz zum Bahnhof beträgt die Taxigebühr ca. 6 Euro. Taxizentrale: *Tel. 30 20 30, 194 10*

TELEFON

Vorwahl Heidelberg: *06221*

Wetter in Heidelberg

	Jan.	Feb.	März	April	Mai	Juni	Juli	Aug.	Sept.	Okt.	Nov.	Dez.
Tagestemperaturen in °C	4	6	11	15	20	23	25	24	21	15	9	5
Nachttemperaturen in °C	–1	0	3	6	10	13	15	15	12	8	4	1
Sonnenschein Std./Tag	1	2	4	5	7	7	7	7	6	4	2	1
Niederschlag Tage/Monat	11	9	9	10	11	11	11	10	9	9	11	11

Cityatlas Heidelberg

Die Seiteneinteilung für den Cityatlas finden Sie auf dem hinteren Umschlag dieses Reiseführers

Kartenlegende Cityatlas

Autobahn Motorway	Autoroute Autosnelweg
Schnellstraße Multilane divided motorroad	Route à chaussées séparées Autoweg met gescheiden rijbanen
Bundesstraße National road	Route nationale Nationale weg
Hauptstraße Main road	Route principale Hoofdweg
Straßentunnel Road tunnel	Tunnel routier Galleria
Fuß-, Feld-, Waldweg Foot-, field-, woodpath	Sentier, chemin rural, -forestier Voetpad, landweg, bospad
Treppe - Fußgängerzone Steps - Pedestrian zone	Escalier - Zone piétonne Trap - Voetgangerzone
Einbahnstraße One way street	Voie à sens unique Straat met eenrichtingsverkeer
Eisenbahn mit Bahnhof Railway with station	Chemin de fer avec gare Spoorweg met station
S- Bahn mit Station Rapid transit with station	Train rapid avec gare Stadspoor met station
U-Bahn mit Station Underground with station	Métro avec station Ondergrondse spoorweg met station
Straßenbahnlinie mit Endstelle Tramway with terminus	Ligne de tram avec terminus Tramlijn met eindpunt
Buslinie mit Endstelle Bus route with terminus	Ligne d'autobus avec terminus Buslijn met eindpunt
Fluss mit Fähre River with ferry	Rivière avec bac Rivier met veerboot
Bebauung, öffentliches Gebäude Industriegelände Built-up area, public building Industrial area	Terrain bâti, bâtiment public Terrain industriel Woongebied, openbaar gebouw Industriegebied
Park, Wald - Friedhof Park, wood - Cemetery	Parc, bois - Cimetière Park, bos - Begraafplaats
Quelle - Wasserbehälter Spring - Reservoir	Source - Reservoir d'eau Bron - Waterreservoir
Parkplatz - Parkhaus Car park - Parking house	Parking - Bâtiment parking Parkeerplats - Parkeergarage
Kirche - Denkmal Church - Monument	Eglise - Monument Kerk - Monument
Synagoge - Moschee Synagogue - Mosque	Synagogue - Mosquée Synagoge - Moskee
Feuerwache - Krankenhaus Fire brigade - Hospital	Poste de pompiers - Hôpital Brandweer - Ziekenhuis
Polizeiwache - Post Police - Post office	Police - Bureau de poste Politie - Postkantoor
Jugendherberge - Campingplatz Youth hostel - Camping site	Auberge de jeunesse - Camping Jeugdherberg - Camping
Turm - Funkturm Tower - Radio tower	Tour - Tour radio Toren - Zendemast
Hervorragende Bäume Outstanding trees	Arbes isolés Markante bomen
Mühle - Wassermühle Windmill - Watermill	Moulin à vent - Moulin à eau Windmolen - Watermolen
Stadtspaziergänge City walks	Promenades en ville Wandelingen door de stad

A
B
C
105
Michels.
Berg-
Mönch-
bergsteig
Bismarck-
säulenweg
Fuchsrondell-
hütte
Mönch-
hofpl.
NEUENHM.
Bismarcksäule
Brücken-
Schweizer-
weg
Eichendorffanl.
Philosophenweg
Philosophen-
gärtchen
Physik. Inst.
Albert-Ueberle-Str.
L 534
Brückenkopf-
str.
Neuenheimer
Uferstr.
Leinpfad
Th.-Heuss-Br.
37
Kongresshs.
Montpellier-
pl.
Jubiläums-
pl.
Stadthalle
Neckarst
Vincentius-
Krkhs.
Neckar-
Unt. Neckarstr.
Kurf.-
Friedr.-
Gymn.
Psych.
Inst.
Ziegelg.
Unt.
Karpfeng.
Bienenstr.
Alten-
hm.
Bauamts-
G.
Karl-
Ludwig-
Friedrichstr.
Fahrtg.
Brunneng.
Dt. Telekom AG
Bunsendkm.
Ev.
Kirchen-
gemeindeamt
Kdr.-
gtn.
Hallenbad
Bismarck-
str.
Haupt-
Akademie-
str.
Dolmetscher
Inst.
Märzgasse
Landfried
str.
Inst.
Bismarck-
pl.
St.-
Anna
G.
Neugasse
Verpackungs-
mus.
Erzieh.-
wissensch.
Sem.
März-
gtn.
Sch. f.
Gehörl.
Plöck
Erlöser-K.
Schießtor-
str.
Sofienstr.
Hochb.-
amt
Friedr.-
Ebert-Pl.
Gymn.
Hochs
Mus. u.
Post-
str.
Plöck
FA
St.
Anna
Nadler-
str.
Inst.
Friedrich-Ebert-
Straßen-
bauamt
ALTSTA
Jurist.
Seminar
Gaisbergtunnel
Spark.-br.
Adenauer-
pl.
Neptun-
grotte
Verkehrs-
verein
Riesensteinpfad
Bhf.-
str.
H.-
Böckler-
S.
Rondell-
H.
Verw.-
gebäude
Wolfshöhlenw.
Johannes-
Hoops-
Sensen-
ried
Sieben Linden
Dachsweg
Königstuhltunnel
Rohrbacher
Str.
Gaisberg-
str.
109

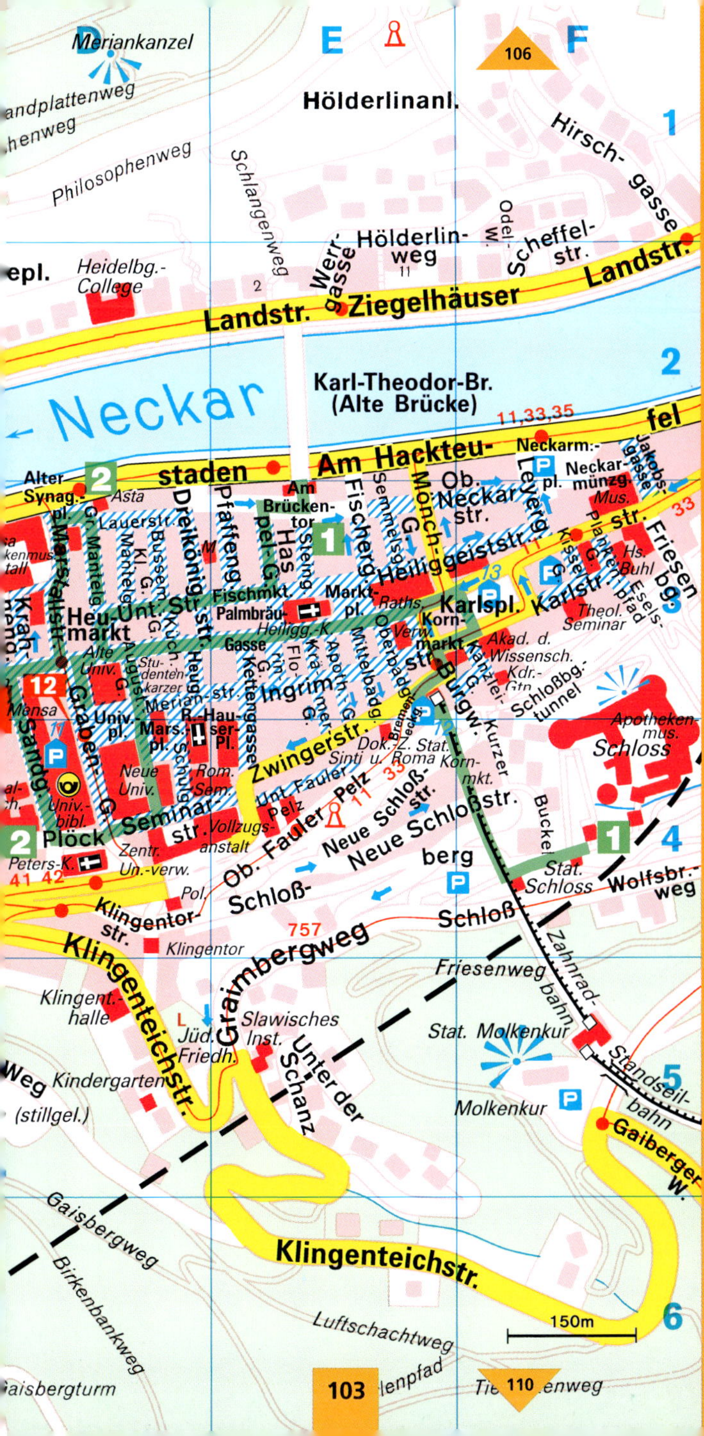

D
E
F
106
1
2
3
4
5
6
Meriankanzel
Hölderlinanl.
Hirsch- gasse
Philosophenweg
Schlangenweg
Hölderlin- weg
Odel- w.
Scheffel- str.
Heidelbg.- College
Werr- gasse
Landstr.
Ziegelhäuser
Landstr.
Neckar
Karl-Theodor-Br. (Alte Brücke)
11,33,35
Am Hackteu-
fel
staden
Alter Synag.- pl.
Asta
Am Brücken- tor
Neckarm.- pl.
Neckar- münzg.
Jakobs- gasse
Ob. Neckar str.
Fischerg.
Semmelsg.
Mönch- G.
Leyerg.
Mus.
Lauerstr.
Marstallstr.
Gr. Mantelg.
Kl. Mantelg.
Bussem. G.
Dreikönig str.
Pfaffeng.
Haspel-G.
Steing.
Heiliggeiststr.
Friesen bg.
Hs. Buhl
Kisselg.
Plankengasse
Eselspfad
Fischmkt.
Markt- pl.
Raths.
Karlspl.
Karlstr.
Theol. Seminar
Heu- markt
Unt. Str.
Palmbräu- Gasse
Heiligg.-K.
Korn- markt
Verw.
Akad. d. Wissensch.
Alte Univ.
Augustinerg.
Küch. G.
Stu- denten- karzer
Heug.
Kettengasse
Florin G.
Krämer G.
Apoth.-G.
Mittelbadg.
Oberbadg.
Burgw.
Kanzlei-G.
Kdr.- Gtn.
Schloßbg.- tunnel
Apotheken- mus.
Schloss
12
Mensa
Graben-G.
Sandg.
Univ.- pl.
Merian- str.
Ingrim- str.
Mars.- pl.
R.-Hau- ser- Pl.
Zwingerstr.
Bremen- eck
Dok.-Z. Stat.
Sinti u. Roma
Korn- mkt.
Kurzer Buckel
Univ.- bibl.
Neue Univ.
Schulg.
Rom. Sem.
Unt. Fauler Pelz
Ob. Fauler Pelz
Neue Schloß- str.
Neue Schloßstr.
33
Seminar- str.
Vollzugs- anstalt
Plöck
Peters-K.
Zentr. Un.-verw.
41 42
Pol.
Schloß- berg
Stat. Schloss
Wolfsbr.- weg
Klingentor- str.
Klingentor
757
Graimbergweg
Schloß
Friesenweg
Zahnrad- bahn
Klingent.- halle
Klingenteichstr.
Jüd. Friedh.
Slawisches Inst.
Unter der Schanz
Stat. Molkenkur
Standseil- bahn
Weg (stillgel.)
Kindergarten
Molkenkur
Gaiberger W.
Gaisbergweg
Birkenbankweg
Klingenteichstr.
Luftschachtweg
150m
Gaisbergturm
110

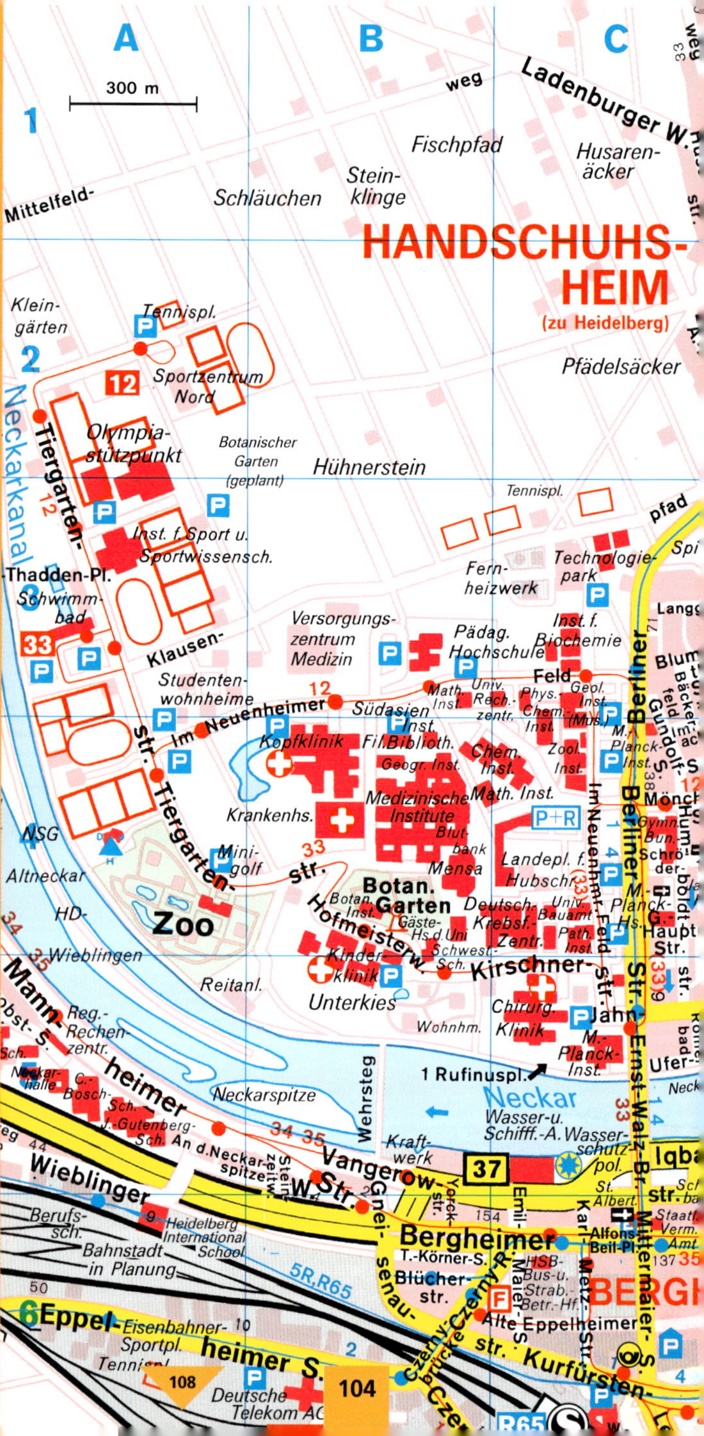
A
B
C
300 m
1
2
3
4
6
Ladenburger W.
weg
Fischpfad
Husaren-
äcker
Mittelfeld-
Schläuchen
Stein-
klinge
HANDSCHUHS-
HEIM
(zu Heidelberg)
Klein-
gärten
Tennispl.
Sportzentrum
Nord
Pfädelsäcker
12
Neckarkanal
Olympia-
stützpunkt
Botanischer
Garten
(geplant)
Hühnerstein
Tiergarten-
Inst. f. Sport u.
Sportwissensch.
Tennispl.
pfad
Thadden-Pl.
Schwimm-
bad
Fern-
heizwerk
Technologie-
park
33
Klausen-
Versorgungs-
zentrum
Medizin
Pädag.
Hochschule
Inst. f.
Biochemie
Berliner
Studenten-
wohnheime
Feld
Im Neuenheimer
Südasien
Inst.
Math.
Inst.
Univ.
Rech.-
zentr.
Phys.-
Chem.
Inst.
Geol.
Inst.
(Mus.)
Kopfklinik
Fil.Biblioth.
Geogr. Inst.
Chem.
Inst.
Zool.
Inst.
M.-
Planck-
Inst.
str.
Tiergarten-
Medizinische
Institute
Math. Inst.
P+R
Krankenhs.
Blut-
bank
NSG
Mini-
golf
33
str.
Mensa
Landepl. f.
Hubschr.
Im Neuenheimer Feld
Altneckar
Botan.
Inst.
Botan.
Garten
Deutsch.
Krebsf.-
Zentr.
Univ.
Bauamt
HD-
Zoo
Gäste-
Hs.d.Uni
Path.
Inst.
Hofmeisterw.
Wieblingen
Schwest.-
Sch.
Kirschner-
str.
Mann-
Kinder-
klinik
Reitanl.
Unterkies
Chirurg.
Klinik
Jahn-
Reg.-
Rechen-
zentr.
Wohnhm.
M.-
Planck-
Inst.
Neckar-
halle
C.-
Bosch-
Sch.
heimer
1 Rufinuspl.
Neckarspitze
Wehrsteg
Neckar
Wasser-u.
Schifff.-A.
Wasser-
schutz-
pol.
Berliner Str.
Ernst-Walz-Br.
J.-Gutenberg-
Sch.
An d.Neckar-
spitze
34
35
Kraft-
werk
Vangerow-
Str.
37
Wieblinger
W.
Gnei-
senau-
Yorck-
str.
Emil-
Maier-
S.
Karl-
Metz-
Str.
St.
Albert
Iqba
str.
Berufs-
sch.
Heidelberg
International
School
Bahnstadt-
in Planung
Bergheimer
Alfons-
Beil-Pl.
Mittermaier-
S.
T.-Körner-S.
Blücher-
str.
HSB-
Bus-u.
Strab.-
Betr.-Hf.
5R,R65
Czerny-R.
BERGH
Eppel-
Eisenbahner-
Sportpl.
Tennispl.
heimer S.
Alte Eppelheimer
Czerny-
brücke
str.
Kurfürsten-
108
Deutsche
Telekom AG
R65
Langg
Blum
Bäcker-
feld
Gundolf-
S.
Mönch
Gymn.
Bun.
Schrö-
der-
Hum-
boldt-
Haupt
Str.
Ufer-
Neck
Staatl.
Verm.
Amt

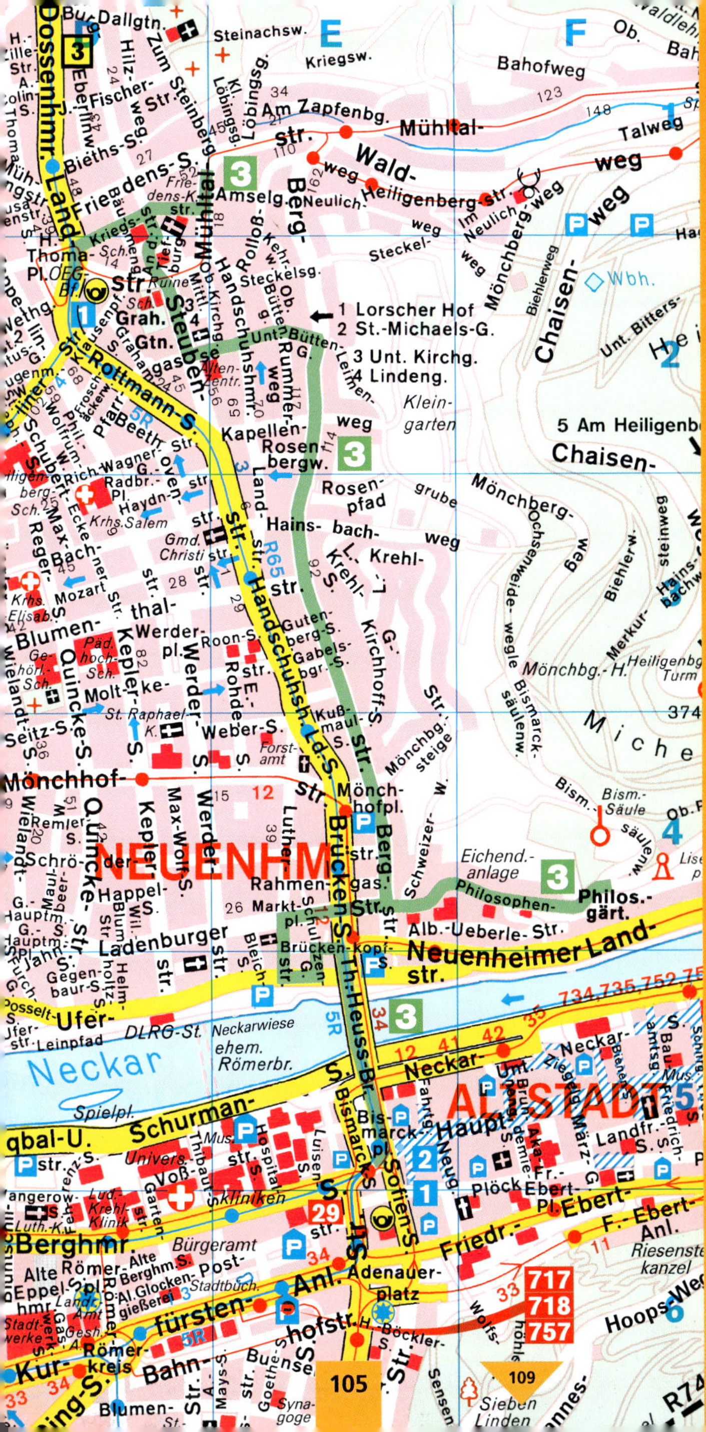

NEUENHM
ALTSTADT
Neckar
Neuenheimer Land-str.
Ufer-str.
Schurman-str.
Brücken-S.
Th.-Heuss-Br.
Mönchhofpl.
Mönchhof-str.
Handschuhsh. Ld.-S.
Rottmann-S.
Mühltal-str.
Wald-weg
Heiligenberg-str.
Mönchberg-weg
Chaisen-weg
Philosophen-weg
Philos.-gärt.
Bism.-Säule
Mönchbg.-H.
Heiligenbg. Turm
1 Lorscher Hof
2 St.-Michaels-G.
3 Unt. Kirchg.
4 Lindeng.
5 Am Heiligenb
Klein-garten
Eichend.-anlage
Neckarwiese
ehem. Römerbr.
Spielpl.
Kliniken
Bürgeramt
Adenauer-platz
Bismarck-pl.
Kur-fürsten-Anl.
Friedr.-Ebert-Anl.
Riesenstein kanzel
Sieben Linden
Synagoge
717
718
757
105
109

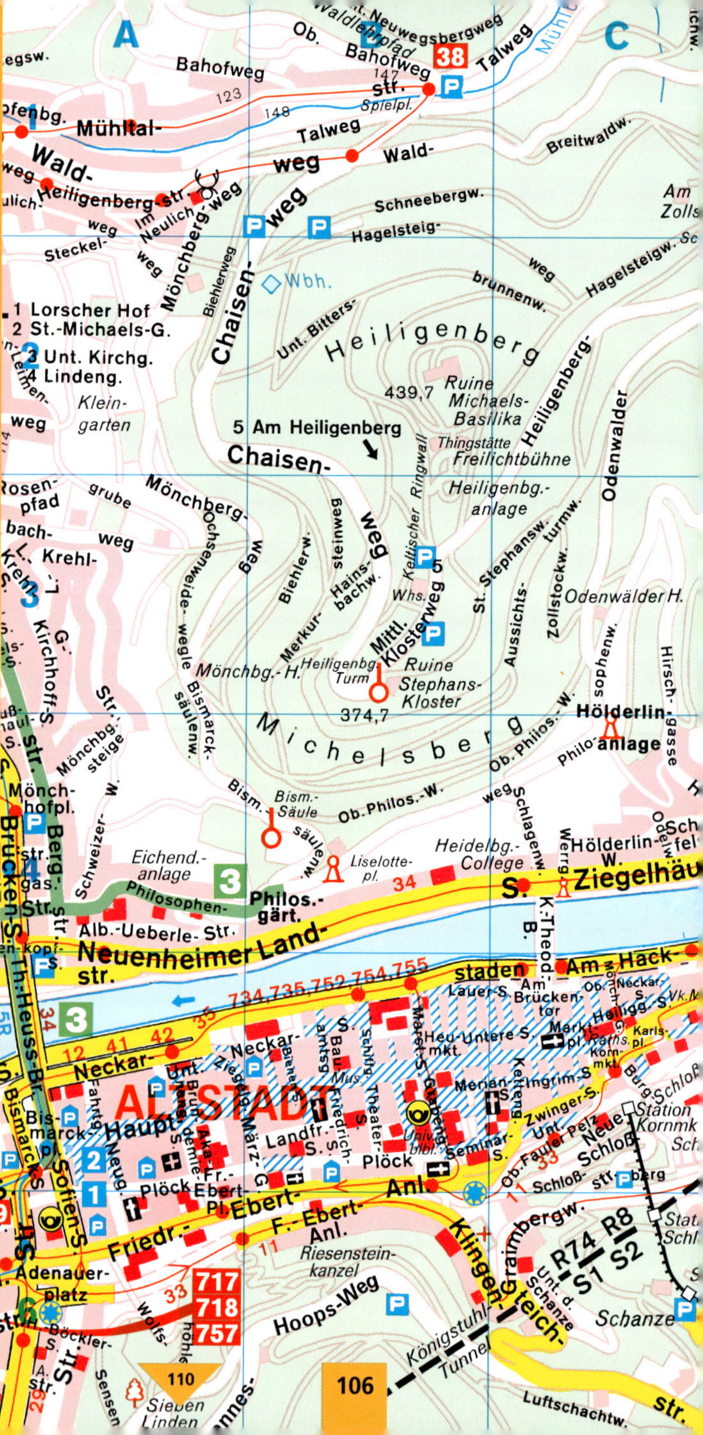
A
B
C
Neuwegsbergweg
Waldlehrpfad
Ob. Bahofweg
Bahofweg
Talweg
38
Mühltal-str.
Spielpl.
Wald-weg
Heiligenberg-str.
Breitwaldw.
Schneebergw.
Hagelsteig-
Hagelsteigw.
Am Zolls
Im Neulich
Steckel-weg
Mönchberg-weg
Biehlerweg
Chaisen-weg
Wbh.
brunnenw.
Unt. Bitters-
Heiligenberg
1 Lorscher Hof
2 St.-Michaels-G.
3 Unt. Kirchg.
4 Lindeng.
Klein-garten
439,7
Ruine Michaels-Basilika
5 Am Heiligenberg
Thingstätte Freilichtbühne
Heiligenberg-
Odenwalder
Heiligenbg.-anlage
Keltischer Ringwall
Rosen-pfad
grube
Mönchberg-weg
Ochsenweide-wegle
Biehlerw.
steinweg
Hains-bachw.
Krehl-
Kirchhoff-S.
Whs.
Klosterweg
Mittl.
St. Stephansw.
turmw.
Aussichts-
Zollstockw.
Odenwälder H.
Merkur-
Mönchbg.-H.
Heiligenbg.-Turm
Ruine Stephans-Kloster
374,7
Bismarck-säulenw.
Michelsberg
Ob. Philos.-W.
Hölderlin-anlage
Philo
Hirsch-gasse
sophenw.
Mönchbg.-steige
Mönch-hofpl.
Berg-str.
Brücken-Str.
Schweizer-W.
Eichend.-anlage
Bism.-Säule
Liselotte-pl.
Heidelbg.-College
Schlagenw.
Werrg.
Hölderlin-W.
Schoff.-fel
Ziegelhäu
Philosophen-
3
Philos.-gärt.
34
Alb.-Ueberle-Str.
Neuenheimer Land-str.
K.-Theod.-B.
staden
Am Hack-
Lauer-S.
Am Brücken-tor
Ob. Neckar-S.
Heilig.-S.
Vk. M
734,735,752,754,755
Th.-Heuss-Br.
12 41 42
Neckar-
Neckarstaden
Heu-mkt.
Untere-S.
Markt-pl.
Raths.
Karls-pl.
Korn-mkt.
Unt. Fahrtg.
Bauamtsg.
Schiffg.
Marst.-S.
Mus.
Merian-
Ingrim-S.
Kettеng.
Burg.
Schloß
Station Kornmk
ALTSTADT
Haupt-
Bismarck-pl.
Brunnen-
Akademie-
März-G.
Landfr.-S.
Friedrich-S.
Theater-S.
Grabeng.
Univ.-bibl.
Seminar-S.
Zwinger-S.
Unt. Fauler Pelz
Neue Schloß-str.
Ob. Fauler Pelz
Bismarckpl.
Sofien-S.
Neug.
Plöck
Fr.-Ebert-Pl.
Ebert-Anl.
Friedr.-
F.-Ebert-Anl.
Riesenstein-kanzel
Klingenteich-
Graimbergw.
Unt. d. Schanze
R74 R8
S1 S2
Stat. Schl
Schanze
Adenauer-platz
717
718
757
33
Hoops-Weg
Königstuhl-Tunnel
Wolfs-höhle
Böckler-S.
A.-Str.
Sensen
Sieben Linden
Luftschachtw.
str.
110

D
E
F
300 m
Mausbacher
Wald
Dachsbau
Freischaren-
Schanze 1849
Oldermanns-
Eiche
Hoch-
Rain-
Kirschen-
weg
Maus-
bachweg
Oberer
Unt. Mausbachw.
Kuhriegelw.
Kuhriegelw.
hangw.
Rainweg
Mausbach-
wiese
Mausbach-
Mausbachtalw.
Bergwerks-
wegle
Schwarzwildw.
Heiden-
knörzelw.
Zollstock-
brunnenw.
Engelswiesenw.
Qu.
Stiftsbuckelw.
Mausbachw.-links
Karlsh
Wbh.
Haarlaß-
weg
Dachsbauw.
Mausbach
Ob. Mausbachw.
Kühruhw.
Die Kühruh
Moltkehütte
weg
Ob. Guckkastenw.
Mittl. Guckkastenw.
Unt.
Guckkasten-
weg
Haarlaßw.
Haarlaßweg
NSG
Russen-
stein
172
Am
Wingerts-
berg
Pirsch-
weg
St.
Paulus-
hm.
Erz-
äckerw.
Stift-
In der Neckarhelle
Ziegelhäuser
Landstr.
Landstr.
Wilckens-
fels
Fernseh-
umsetzer
Eishausw.
69
34
Neckar
Schlierbacher Land-S.
735,752,754
Am
Rosenbusch
Teufels-
kanzelw.
weg
Hausacker-
Bootsschleppe
Wehrsteg
37
33
35
Schlierbacher
Land-
str.
4
S2
Valerie-
weg
15
Schloß-Wolfsbrunnen-
Carl-Bosch-
Museum
35
50
Schmeilweg
Schießst.
Schloßvereinsw.
Klingel-
Rom-
bachw.
hüttenw.
Karls-
tor
Am
Karls-
tor
11
Hp. Hd.-
Karlstor
Elisa
bethen-
weg
Marienh.
Schützen-
haus
Biersiedersteig
Felsenmeerw.
Scheffel-
terrasse
Schloss-
garten
Rinderhäuschen
höhenw.
Schloß-
hang
Bismarck-
Schwabenw.
Wilderer Kreuz
Steinhüttenw.
Brandplatten
Schloß-Wolfsbr.-W.
Molken-
kurweg
Felsenmeerweg
Königstuhlweg
Himmelsleiter
Kammer-
forst
Standseilbahn
Königstuhl
Felsenmeer
Schloßhangh.
Schwaben
57
21
sichts-
1
2
3
5
6
107
111

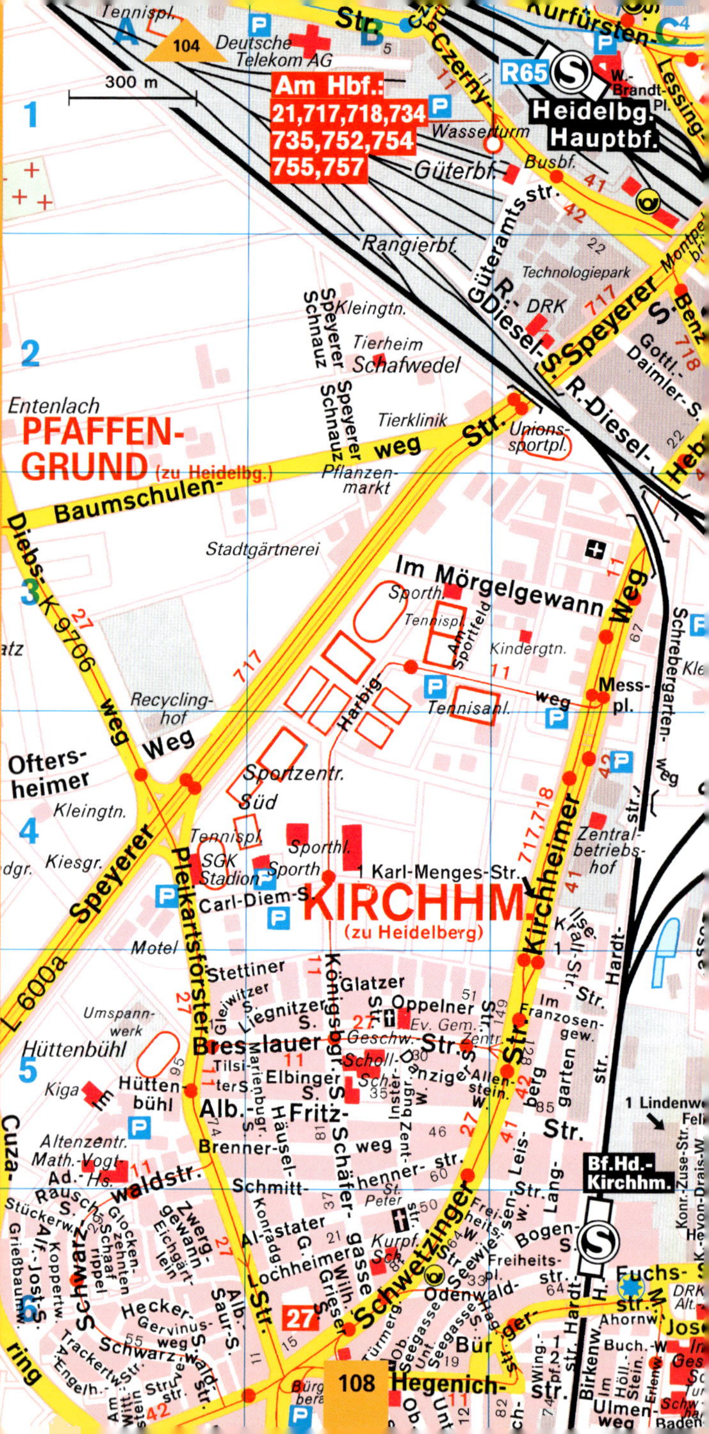

104
300 m
Deutsche Telekom AG
Tennispl.
Am Hbf.:
21,717,718,734
735,752,754
755,757
Czerny-
Wasserturm
Güterbf.
Rangierbf.
Kurfürsten-
R65
Heidelbg. Hauptbf.
W.-Brandt-Pl.
Lessing-
Busbf.
Güteramtsstr.
Technologiepark
DRK
R.-Diesel-S.
Speyerer S.
Gottl.-Daimler-S.
Kleingtn.
Tierheim
Schafwedel
Speyerer Schnauz
Tierklinik
Unions-sportpl.
Entenlach
PFAFFEN-GRUND (zu Heidelbg.)
Baumschulen-weg
Pflanzen-markt
Stadtgärtnerei
Diebs-weg
K 9706
Im Mörgelgewann
Sporth.
Tennispl.
Am Sportfeld
Kindergtn.
Harbig-weg
Tennisanl.
Recycling-hof
Speyerer Weg
Sportzentr. Süd
Mess-pl.
Kirchheimer Weg
Schrebergarten-weg
Oftersheimer Weg
Kleingtn.
Kiesgr.
Zentral-betriebs-hof
Tennispl.
SGK Stadion
Sporthl.
Sporth.
1 Karl-Menges-Str.
Carl-Diem-S.
KIRCHHM (zu Heidelberg)
Pleikartsförster Str.
Motel
L 600a
Umspann-werk
Hüttenbühl
Kiga
Im Hüttenbühl
Stettiner
Gleiwitzer S.
Liegnitzer S.
Glatzer Str.
Oppelner S.
Ev. Gem. Zentr.
Ilse-Krall-Str.
Im Franzosen-gew.
Breslauer Str.
Tilsiter S.
Marienbgr. S.
Elbinger S.
Geschw.-Scholl-Sch.
Danziger S.
Allenstein. W.
Königsbgr. S.
Alb.-Fritz-weg
Fritz-Häusel-S.
Schäfer-gasse
Insterbg. W.
Zent-w.
Leisberg
Langgarten-str.
Hardt-str.
1 Lindenweg
Bf.Hd.-Kirchhm.
Altenzentr.
Math.-Vogt-Hs.
Ad.-Rausch-S.
Brenner-
Schmitt-henner-str.
St. Peter
Waldstr.
Stückerw.
Alf.-Jost-S.
Glocken-zehnten
Schaaf rippel
Zwerg-gewann
Eichgärt-lein
Konradg.
Al-stater
Lochheimer
G.-Griesser-
Wilh.-
Kurpf. Sch.
Freiheits-w.
Seewiesen-w.
Bogen-S.
Freiheits-str.
Odenwald-str.
Fuchs-str.
Ahornw.
Buch.-W.
Schwarz.-S.
Koppertw.
Grießbaumw.
Hecker-
Gervinus-weg
Schwarzwald-str.
Alb.-Saur-S.
Schwetzinger Str.
Türmerg.
Seegasse
Bürger-str.
Hegenich-str.
Birkenw.
Höll.-Stein.
Ulmen-weg
Cuza-ring
Trackertw.
Engelh.-
108

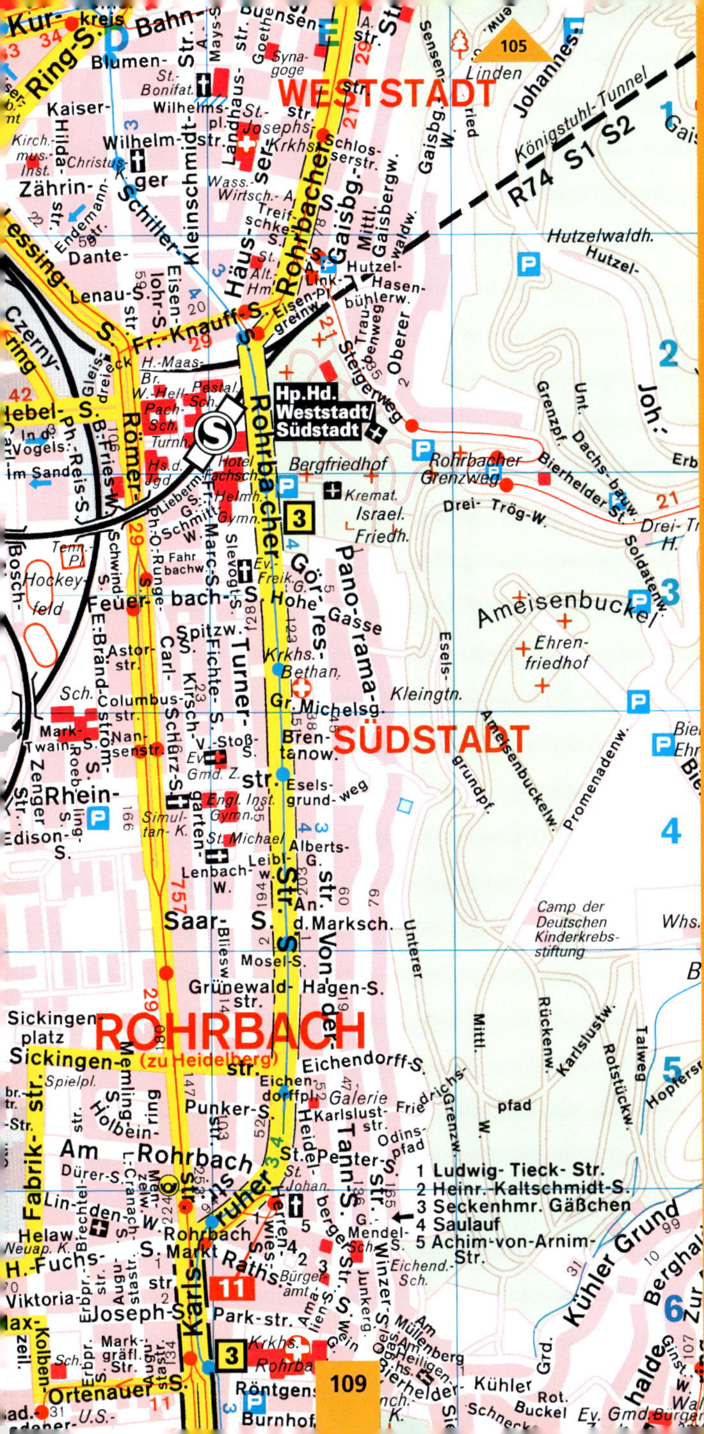
105
WESTSTADT
SÜDSTADT
ROHRBACH
(zu Heidelberg)
Königstuhl-Tunnel
R74 S1 S2
Hp.Hd. Weststadt/Südstadt
Bergfriedhof
Rohrbacher Grenzweg
Israel. Friedh.
Ameisenbuckel
Ehrenfriedhof
Kleingtn.
Camp der Deutschen Kinderkrebsstiftung
Hutzelwaldh.
Rohrbacher Str.
Römerstr.
Karlsruher Str.
Kurfürsten-Anlage
Ring-Str.
Bahnhofstr.
Blumenstr.
Kaiserstr.
Wilhelmstr.
Zähringerstr.
Schillerstr.
Kleinschmidtstr.
Dantestr.
Lenau-S.
Fr.-Knauff-S.
Czernyring
Hebel-S.
Feuerbach-S.
Turnerstr.
Columbusstr.
Rhein-S.
Saar-S.
Mosel-S.
Grünewaldstr.
Hagen-S.
Von-der-Tann-S.
Sickingenplatz
Sickingenstr.
Eichendorff-S.
Punker-S.
Heidelberger Str.
Am Rohrbach Markt
Rathausstr.
Park-str.
Joseph-S.
Ortenauer S.
Röntgenstr.
Burnhof
Kühler Grund
Bergh.
Oberer Gaisbergweg
Steigerweg
Drei-Trög-W.
Bierhelder W.
Promenadenw.
Ameisenbuckelw.
Karlslustw.
Rotstückw.
Talweg
1 Ludwig-Tieck-Str.
2 Heinr.-Kaltschmidt-S.
3 Seckenhmr. Gäßchen
4 Saulauf
5 Achim-von-Arnim-Str.
109

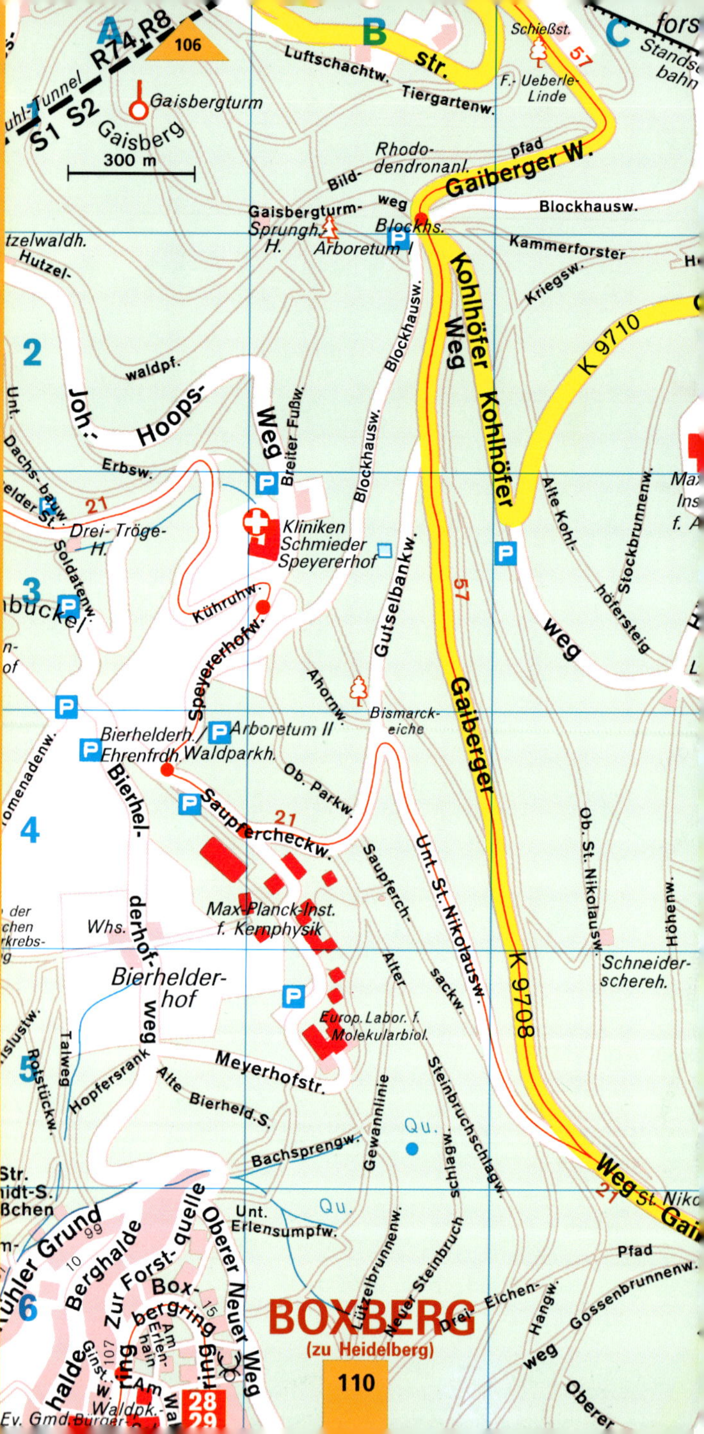

A
B
C
106
R74,R8
Tunnel
S1 S2
Gaisbergturm
Gaisberg
300 m
Luftschachtw.
str.
Tiergartenw.
Schießst.
57
F.- Ueberle-Linde
Standseilbahn
Rhododendronanl.
Bild-
weg
pfad
Gaiberger W.
Blockhausw.
Gaisbergturm-Sprungh.
H.
Arboretum I
Blockhs.
Kammerforster
Kriegsw.
Hutzel-
2
waldpf.
Joh.-Hoops-Weg
Breiter Fußw.
Blockhausw.
Kohlhöfer Weg
Kohlhöfer
K 9710
Unt. Dachs-bauw.
Erbsw.
21
Drei-Tröge-H.
Kliniken Schmieder Speyererhof
Gutselbankw.
Alte Kohlhöfersteig
Stockbrunnenw.
3
Soldatenw.
Kühruhw.
Speyererhofw.
Ahornw.
Bismarck-eiche
weg
Gaiberger
Bierhelderh./Ehrenfrdh.
Arboretum II
Waldparkh.
Ob. Parkw.
Promenadenw.
4
Bierhelderhof-weg
Saupfercheckw.
Saupferch-
Unt. St. Nikolausw.
Ob. St. Nikolausw.
Höhenw.
Max-Planck-Inst. f. Kernphysik
Whs.
Bierhelder-hof
Alter
sackw.
K 9708
Schneider-schereh.
Europ. Labor. f. Molekularbiol.
Talweg
Hopfersrank
5
Meyerhofstr.
Alte Bierheld.S.
Steinbruchschlagw.
Qu.
Bachsprengw.
Gewannlinie
schlagw.
Weg
St. Niko
Gai
Unt. Erlensumpfw.
Qu.
Kühler Grund
Berghalde
Zur Forst-quelle
Oberer Neuer Weg
Box-bergring
Am Erlen-hain
Lützelbrunnenw.
Neuer Steinbruch
Drei-Eichen-
Hangw.
Gossenbrunnenw.
Pfad
weg
Oberer
6
halde
Ginst. w.
Am Waldpk.
Ev. Gmd. Bürger-
BOXBERG
(zu Heidelberg)
110
28
29

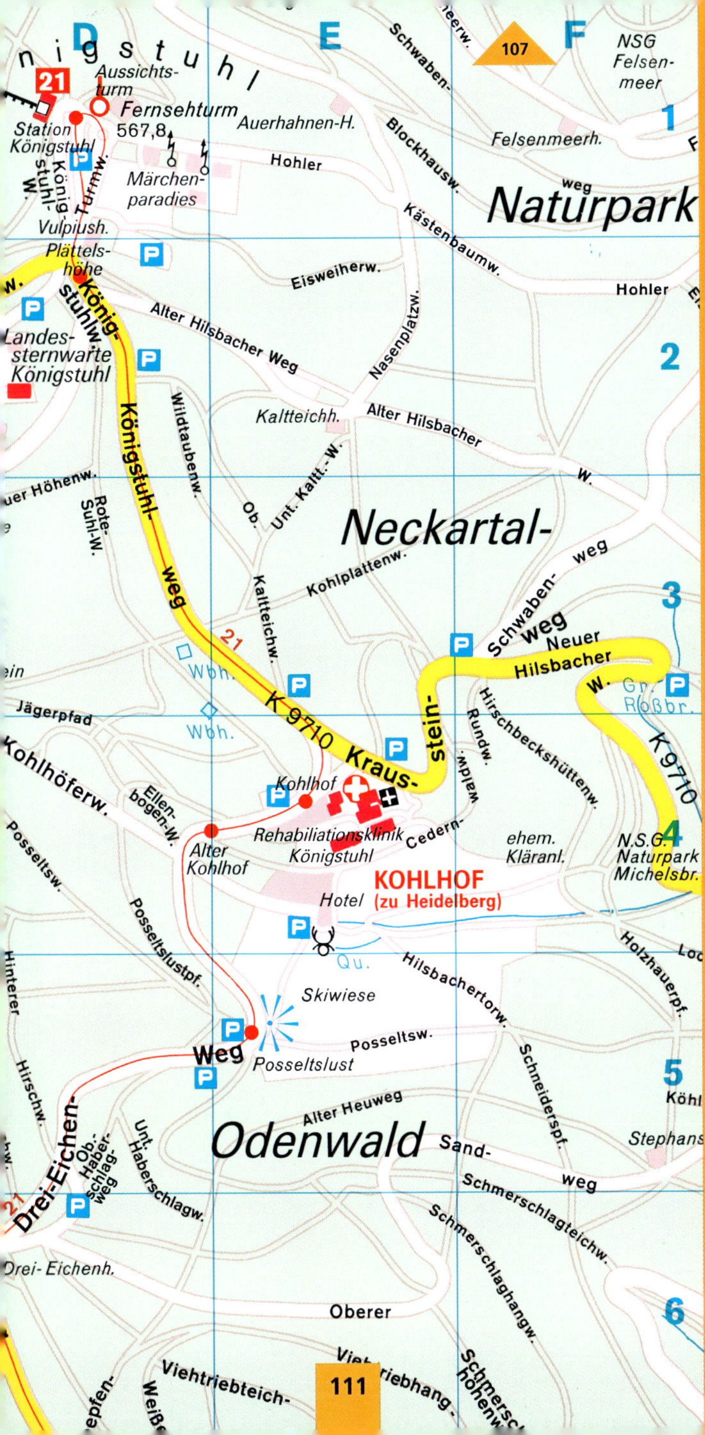

D
E
F
107
111
1
2
3
4
5
6
21
Königstuhl
Aussichtsturm
Fernsehturm
567,8
Station Königstuhl
Königstuhl-W.
Turmw.
Märchenparadies
Auerhahnen-H.
Schwaben-weg
Blockhausw.
Hohler weg
NSG Felsenmeer
Felsenmeerh.
Naturpark
Kästenbaumw.
Vulpiush.
Plättelshöhe
Eisweiherw.
Hohler
Königstuhlw.
Alter Hilsbacher Weg
Nasenplatzw.
Landessternwarte Königstuhl
Kaltteichh.
Alter Hilsbacher W.
Wildtaubenw.
Königstuhlweg
Höhenw.
Rote-Suhl-W.
Ob.
Unt. Kaltt.-W.
Neckartal-
Kohlplattenw.
Kaltteichw.
Schwabenweg
Neuer Hilsbacher W.
Wbh.
Jägerpfad
K 9710
Kraussteinw.
Gr. Roßbr.
Hirschbeckshüttenw.
Rundw.
Waldw.
Kohlhöferw.
Ellenbogen-W.
Kohlhof
Alter Kohlhof
Rehabiliationsklinik Königstuhl
Cedernw.
ehem. Kläranl.
N.S.G. Naturpark Michelsbr.
KOHLHOF
(zu Heidelberg)
Hotel
Posseltsw.
Posseltslustpf.
Qu.
Hilsbachertorw.
Holzhauerpf.
Skiwiese
Hinterer
Weg
Posseltslust
Schneiderspf.
Hirschw.
Drei-Eichen-
Ob. Haberschlagweg
Unt. Haberschlagw.
Alter Heuweg
Odenwald
Sandweg
Stephans
Schmerschlagteichw.
Schmerschlaghangw.
Drei-Eichenh.
Oberer
Viehtriebteich-
Viehtriebhang-
Schmerschhöhenw.
Weiße

Grünstadt
Dirmstein
Beindersheim
Frankenthal (Pfalz)
Lambsheim
Freinsheim
Maxdorf
Ludwigshafen am Rhein
Bad Dürkheim
Deidesheim
Wachenheim a.d.W.
Forst an der Weinstraße
Deutsche Weinstraße
Pfälzerwald
Naturpark
Mutterstadt
Limburgerhof
Neuhofen
Schifferstadt
Böhl-Iggelheim
Haßloch
Meckenheim
Neustadt an der Weinstrasse
Speyer
Dudenhofen
Holiday-Park
Deutsch-Französische Touristikroute
Vogelpark
Maikammer
Edenkoben
Landau i.d.Pfalz
Offenbach
Bellheim
Germersheim
Lingenfeld
Philippsburg
Herxheim
Rülzheim
Rheinzabern
Kandel
Jockgrim
Eggenstein-Leopoldshafen
Linkenheim-Hochstetten
Dettenheim
Hatzenbühl
Hördt
Kuhardt
Leimersheim

WEINHEIM
VIERNHEIM
Viernheimer Dreieck
Birkenau
Wachenburg
Gorxheim
Kallstadt
Löhrbach
Hornbach
Vöckelsbach
Reisen
Sulzbach
Wald-Michelbach
Aschbach
Kreidach
Hammerschlösschen
Siedelsbrunn
Ober-Abtsteinach
Ober-Schönmattenwag
Unter-Schönmattenwag
Unter-Abtsteinach
Gorxheimertal
Abtsteinach
Lützelsachsen
Unterflockenbach
Ritschweier
Trösel
Stiefelhöhe
Schönbrunn
Hohensachsen
Hirschberg
Großsachsen
Oberflockenbach
Rippenweiler
Heddesheim
Leutershausen
Ursenbach
Lampenhain
Heiligkreuzsteinach
Oberhainbrunn
Brombach
Unterhainbrunn
Heddesbach
R. Harpfenburg
an der Bergstraße
Ilvesheim
Ladenburg
Altenbach
Badische Weinstraße
Odenwald
Wilhelmsfeld
Schriesheim
Weißer Stein
Dossenheim
Seckenheim
Neckarhausen
Edingen-Neckarhausen
Burgenstr.
Pfingstberg
Friedrichsfeld
Wieblingen
Heiligenberg
Peterstal
Ehem. Zist.-Kloster
Langenthal
Altneudorf
Grein
Schönau
Hirschhorn
Burgenstraße
Neckarhausen
Darsberg
Neckarsteinach
Ziegelhausen
Textilmuseum
Schlierbach
Zoo
Neuenheim
Alte Brücke
Kurpf. Mus.
Schloss
Königstuhl
Kurhaus
Kleingemünd
Dilsberg
Mückenloch
Naturpark
Eppelheim
Plankstadt
Patrick-Henry-Siedlung
Schlosspark
Schloss
Schwetzingen
HEIDELBERG
Neckargemünd
Dilsbergerhof
Kirchheim
Waldhilsbach
Gaiberg
Römischer Gutshof
Waldwimmersbach
Lobbach
Langenzell
Reichartshausen
Oftersheim
Bruchhausen
Bergstraße
Sandhausen
Bammental
Reilsheim
Wiesenbach
Lobenfeld
Spechbach
Klosterk.
Mauer
Gauangelloch
Leimen
Neckartal-Odenwald
Dreieck Hockenheim
Hockenheimring
Sankt Ilgen
Hirsch-B.
Ochsenbach
Mönchzell
Meckesheim
Eschelbronn
Maisbach
Schatthausen
Oberhof
Neidenstein
Hockenheim
Walldorf
Nußloch
Wiesloch
Baiertal
Zuzenhausen
Daisbach
Reilingen
Kreuz Walldorf
Dielheim
Unterhof
Horrenberg
Balzfeld
Hoffenheim
Sinsheim
Deutsch-Franz. Touristikroute
Sankt Leon-Rot
Rauenberg
Rotenberg
Tairnbach
Mühlhausen
Eschelbach
Waghäusel
Kirrlach
Malschenberg
Malsch
Rettigheim
Eichtersheim
Angelbachtal
Dühren
Immelhäuser Hof
Badische Spargelstr.
Wiesental
Kronau
Mingolsheim
Östringen
Michelfeld
Steinsberg
R. Steinsberg
Weiler
Bad Schönborn
Langenbrücken
Waldangelloch
Hilsbach
Neudorfer M.
Hambrücken
Weiher
Stettfeld
Eichelberg
Tiefenbach
Elsenz
Zeutern
Odenheim
Kriegbach
Bruchsal
Ubstadt-Weiher
Forst
Oberöwisheim
Neuenbürg
Landshausen
Eppingen
Barockschloss
Unteröwisheim
Menzingen
Rohrbach
BRUCHSAL
Kraichtal
Kraichgau
Peterskirche
Münzesheim
Oberacker
Bahnbrücken
Zaisenhausen
Gochsheim
Sulzfeld
R. Ravensburg
Heidelsheim
Sickingen
Flehingen
Helmsheim
Untergrombach
Obergrombach
Schl. Amalienhof
Kürnbach
Neibsheim
Badische Weinstr.
5km

Das Register enthält eine Auswahl der im Cityatlas dargestellten Straßen und Plätze

anzeige

total relaxed in den urlaub: übung für fortgeschrittene

1. schliessen sie die augen und denken sie intensiv an das wunderbare wort „ferienmietwagen zum alles inklusive preise“. stellen sie sich viele extras vor, die bei holiday autos alle im preis inbegriffen sind:

   - unbegrenzte kilometer
   - haftpflichtversicherung mit min. 1,5 mio €uro deckungssumme (usa: 1,1 mio €uro)
   - vollkaskoversicherung ohne selbstbeteiligung
   - kfz-diebstahlversicherung ohne selbstbeteiligung
   - alle lokalen steuern
   - flughafenbereitstellung
   - flughafengebühren

2. atmen sie tief ein und lassen sie vor ihrem inneren auge die zahlreichen auszeichnungen vorbeiziehen, die holiday autos in den letzten jahren erhalten hat.

   sie buchen ja nicht irgendwo.

3. nehmen sie ganz ruhig den hörer, wählen sie die telefonnummer **0180 5 17 91 91** **(12cent/min)**, surfen sie zu **www.holidayautos.com** oder fragen sie in ihrem reisebüro nach den topangeboten von holiday autos!

kein urlaub ohne holiday autos

Das Register enthält alle in diesem Reiseführer beschriebenen Sehenswürdigkeiten, Museen und Ausflugsziele sowie wichtige Sachbegriffe und Personennamen. Halbfette Seitenzahlen verweisen auf den Haupteintrag, kursive auf ein Foto.

Schreiben Sie uns!

Liebe Leserin, lieber Leser,

wir setzen alles daran, Ihnen möglichst aktuelle Informationen mit auf die Reise zu geben. Dennoch schleichen sich manchmal Fehler ein – trotz gründlicher Recherche unserer Autoren/innen. Sie haben sicherlich Verständnis, dass der Verlag dafür keine Haftung übernehmen kann. Wir freuen uns aber, wenn Sie uns schreiben.

Senden Sie Ihre Post an die MARCO POLO Redaktion, Mairs Geographischer Verlag, Postfach 31 51, 73751 Ostfildern, marcopolo@mairs.de

Impressum

Titelbild: Alte Brücke, Schloss und Stadt (W. Dieterich)
Fotos: A. Cowin (2 u., 7, 12, 14, 17, 26, 38, 42, 82); W. Dieterich (U l., U M., U r., 4, 5 l., 5 r., 6, 8, 18, 19, 20, 29, 31, 35, 39, 44, 46, 48, 52, 54, 56, 60, 62, 64, 66, 70, 74, 75, 76, 84, 99); HB-Verlag (25, 88, 90, 92, 94); Lade: Radelt (2 o.); Merges-Verlag (80); A. M. Mosler (1, 24); P. Santor (65); L. Siermann (11, 87, 33); A. Sperber (16)

7., aktualisierte Auflage 2004 © Mairs Geographischer Verlag, Ostfildern
Herausgeber: Ferdinand Ranft, Chefredakteurin: Marion Zorn
Redaktion: Corinna Walkenhorst, Bildredaktion: Gabriele Forst
Kartografie Cityatlas: © Falk Verlag, Ostfildern
Gestaltung: red.sign, Stuttgart

Printed in Germany. Gedruckt auf 100% chlorfrei gebleichtem Papier

Bloß nicht!

Ein paar Dinge, die Sie bei Ihrem Besuch in Heidelberg vermeiden sollten

Mit dem Auto in die Stadt fahren

Lassen Sie Ihr Auto in der Hotelgarage oder im Parkhaus stehen. In vielen Straßen sind nur Anwohner parkberechtigt. Überall und bis spät in die Nacht verteilen Ordnungshüter bei Missachtung des Parkverbots Strafzettel (oft 30 Euro). Abschleppwagen lassen sich ihren Einsatz je nach Tageszeit mit mindestens 60 Euro bezahlen. Da in allen Wohngebieten Heidelbergs eine Geschwindigkeitsbegrenzung von 30 km/h gilt, warten Blitzlichtanlagen auf unachtsame Autofahrer.

Taschendieben zum Erfolg verhelfen

Heidelberg ist eine im Allgemeinen sehr sichere Stadt. Vorsicht ist aber besonders samstags beim Shopping am Bismarckplatz und in der Hauptstraße geboten – wie überall auf der Welt nutzen Diebe das Gedränge, um Taschen und Kameras mitgehen zu lassen.

Filme am Kiosk kaufen

Wenn Ihre Filme verschossen sind und weitere Heidelberg-Motive warten: Kaufen Sie keine neuen in Souvenirläden oder am Kiosk. Eine große Auswahl finden Sie in der Innenstadt in den Fachgeschäften in der DHC-Einkaufspassage am Bismarckplatz und Foto Gärtner, Hauptstr. 176.

Am frühen Morgen durch die Hauptstraße spazieren

Beginnen Sie Ihren Stadtbummel nicht zu früh. Bis 10 Uhr vormittags gleicht der Gang über die Hauptstraße einem Spießrutenlauf zwischen Anlieferfahrzeugen. Jedes Schaufenster ist dann von einem Transporter verstellt.

Den steilen Aufstieg zum Philosophenweg wählen

Besonders älteren Menschen ist beim Aufstieg zum Philosophenweg die Albert-Ueberle-Straße als Zugang zu empfehlen. Sie ist weniger steil als der Zugang über die Bergstraße.

Mittags zum Schloss gehen

Von den jährlich etwa 3,5 Mio. Besuchern, die in Heidelberg gezählt werden, besuchen etwa 3 Mio. das Schloss. Wer großen Menschenmassen entgehen möchte, wählt deshalb für den Schlossbesuch am besten die frühen Vormittags- oder die späten Nachmittagsstunden.

Studentenherrlichkeit üben

Es gibt Reisegruppen, die in den historischen Studentenlokalen sehr unangenehm auffallen. Sie verlieren, meist als reine Männergruppen, beim Zelebrieren der Studentenherrlichkeit – sprich: beim Biergenuss – jedes Maß. Ausfälligkeiten sind oft die Folge.